Lebe den Augenblick – und du siehst und erkennst dich

Lebe den Augenblick

und du siehst und erkennst dich

Gabriele

Gabriele-Verlag
Das Wort

Gabriele-Verlag Das Wort GmbH
Max-Braun-Str. 2, 97828 Marktheidenfeld
Tel. 09391/504-135, Fax 09391/504-133

Druck: KlarDruck GmbH, Marktheidenfeld
Umschlagbild: © vencav/fotolia.de
ISBN 978-3-89201-226-9

Inhalt

Vorwort

Gott ist das Leben, der ewige Ozean, das Sein. Er ist das Leben jeder Seele. Ist die Seele wieder in den Ozean Gott eingetaucht, dann ist sie zum mächtigen Tropfen des ewigen Seins, des allumfassenden Ozeans Gott, geworden und birgt damit in sich alle Gesetze Gottes – und durch ihn strahlen und wirken auch alle Gesetze Gottes. Dem Tropfen in Gott ist nichts verborgen. Er trägt die Allweisheit und All-Liebe in sich, die er unermüdlich ausstrahlt und weitergibt! Und wie er gibt, so empfängt er aus der Allmacht und Allkraft Gott. Deshalb ist der Tropfen mächtig.

Die reife Seele unserer Schwester ist ein Tropfen im Ozean Gott. Ihre Seele weiß die Gesetze Gottes und somit alle Dinge des Lebens – denn alles ist Gesetz. Der Tropfen im Ozean Gott ist das erschlossene göttliche Bewusstsein, ist die reife, lichte Seele in Gott. Die Allkraft Gott berührte den Tropfen in Gott, die Seele unserer

Schwester – und sie begann zu schreiben, was aus dem Tropfen in Gott, aus ihrer Seele, floss: Es strömte aus ihr die Wahrheit über die Abläufe im Gesetz des Ewigen und im Gesetz von Saat und Ernte.

Gott, der Ewige, hat das Geistwesen, die Seele unserer Schwester, auf die Erde, in das Erdenkleid gesandt, damit sie mit menschlichen Worten ausspricht, was menschliche Augen nicht sehen und menschliche Ohren nicht hören – und was doch wirksam ist. So schöpfte unsere Schwester aus ihrem erschlossenen Bewusstsein und fasste das, was noch in, an und um viele Menschen geschieht, in Worte, so dass der Leser sein Leben und Denken erkennen und ändern kann – wenn er dies will. Die Worte dieser Schrift sind Wahrheit, weil sie aus der Wahrheit strömten – aus dem erschlossenen geistigen Bewusstsein unserer Schwester. Mögen viele Menschen daraus erkennen, dass sie sich selbst ändern müssen, um Gefahren und Schicksalen zu entgehen.

Die Gefahren, die viele Menschen umlauern, werden selten erspürt, bevor die Ursachen wirksam werden. Damit der Mensch rechtzeitig das erkennt, was sich an, in und um ihn selbst an Gegensätzlichem zusammenballt und zum Ausbruch kommen will, ist ihm diese Schrift "Lebe den Augenblick – und Du siehst und erkennst Dich" gegeben.
Wer danach trachtet, den Augenblick gesetzmäßig zu leben, der wird viele Gefahren rechtzeitig erkennen und mit der Hilfe Christi den Ursachen entgegenwirken, so dass diese sich entweder rechtzeitig auflösen und er sie nicht mehr tragen muss – oder von dem, was er an Ursachen geschaffen hat, nur einen Teil abzutragen hat.

Christus, der Erlöser aller Seelen und Menschen, steht jeder Seele und jedem Menschen bei.

Bittet – und es wird euch gegeben!
Suchet – und ihr werdet finden!
Klopfet an – und es wird euch aufgetan!

Die göttliche Welt, die himmlischen Geschwister grüßen ihre Geschwister im Erdenkleid durch mich, Bruder Emanuel, wie ich auf Erden genannt werde.
Ich bin ein Diener Gottes, der Cherub der göttlichen Weisheit, der Verantwortliche im Werk des Herrn. Ich bin ein Wesen der Himmel und nicht im Erdenkleid. Ich beschütze unsere Schwester, die Prophetin und Botschafterin Gottes, die das in dieser Schrift Dargelegte aus ihrem geistigen Bewusstsein schöpfte und es in die Sprache dieser Welt kleidete.

Friede!
Bruder Emanuel

Was ist der Augenblick?

Der Augenblick ist ein Baustein des Tages. Jeder Augenblick lässt in uns viele Empfindungen und Gedanken aufsteigen. Diese sind bei genauer Betrachtung wie Bilder: Erinnerungen an Geschehnisse und Erlebnisse oder auch Bilder unserer Vorstellungswelt.

Was jeder Augenblick jedem Menschen zustrahlt, ist das, was er an diesem Tag erkennen und bereinigen soll. Der Bewusstseinsstand eines jeden Menschen ist unterschiedlich. Dementsprechend kommt auch der Augenblick auf ihn zu – mit den Empfindungen und Gedanken, die er, entsprechend seinem Bewusstsein, erkennen und verstehen kann. So ist das, was der Augenblick ihm bringt, für ihn kein "Fremd-Bild"; denn es sind seine eigenen ehemaligen Produktionen.
Was also die Augenblicke, die Bausteine des Tages, für jeden Menschen bringen, sind die Reproduktionen seiner eigenen Produktionen.

Wir können die Bilder, welche die Bausteine des Tages uns zustrahlen, auch Strahlungsbilder nennen. Jeder Augenblick enthält so viele Strahlungsbilder, wie es Menschen gibt. Deshalb kann man sagen: Jeder Augenblick ist individuell und entspricht dem einzelnen Menschen. Denn jeder Augenblick will der Seele und dem Menschen von dem mitteilen, was der Mensch selbst in den mächtigen Kausalcomputer – das heißt in den Ablauf der Gestirne – eingegeben hat; denn der Mensch wird von den Gestirnen so lange gesteuert, bis er das Gesetz von Ursache und Wirkung überwunden hat.

In diesem Kausalcomputer ist jede Einzelheit des menschlichen Ichs gespeichert – alle Sünden, Fehler und Vergehen. Der Kausalcomputer besteht aus den Gestirnen der Reinigungsebenen und den materiellen Gestirnen. In diesen Gestirnen ist das Gesetz von Saat und Ernte gespeichert. Sie bilden das Rad der Wiedergeburt.

Der Kausalcomputer ist im Allcomputer, weil das Göttliche alles durchdringt. Der Allcomputer

umfasst das gesamte Informationsnetz des Alls. Er ist das Gesetz Gottes, die allgegenwärtige Kraft.
Sowohl auf den Kausalcomputer als auch auf den Allcomputer und auf die rein feinstofflichen Gestirne, durch die das ewige, das Absolute Gesetz strömt, werde ich noch genauer eingehen.

Die Augenblicke, die Sekunden, die Minuten, die Stunden, ja der ganze Tag sprechen also für jeden Einzelnen in seiner Sprache.
Jeder von uns kann die Sprache der Augenblicke, der Bausteine des Tages – der Sekunden, Minuten und Stunden – verstehen, weil sie die Reproduktionen seiner Produktionen sind. Die Bausteine des Tages sprechen jeden Menschen anders an, entsprechend seinen Produktionen. Alles, was der Mensch in Vorinkarnationen und in dieser Einverleibung an Menschlichem in den Kausalcomputer eingegeben und noch nicht bereinigt hat, bringt dieser wieder hervor. Es sind alles unsere Verstöße gegen das

ewige Gesetz: unsere negativen Empfindungen, Gedanken und Worte, unser negatives Handeln, unsere Leidenschaften, unsere Triebhaftigkeit oder unsere übersteigerten menschlichen Wünsche. Es können auch die Bindungen an unseren Nächsten sein, dem wir z.B. seine Freiheit nahmen, indem wir ihm unsere Meinung aufgedrängt haben.

Alles, was Seele und Mensch nicht bereinigt haben, bringt der Kausalcomputer als Wirkung zum Vorschein. Er spricht also zu jedem von uns in unserer eigenen Sprache! Jeder von uns kann seine Speicherungen in seiner Sprache hören und das, was er ausgesandt hat, in Bildern sehen – denn es sind seine eigenen Produktionen. Wir können sie allerdings nur dann wahrnehmen, wenn wir im Augenblick, ja den Augenblick leben.

Viele Menschen jedoch erfassen die Augenblicke des Tages nicht. Deshalb erkennen sie auch nicht die Sprache ihrer eigenen Produktionen; sie lassen sich von Kräften treiben, die nicht ihre eigene Lebenskraft sind. Sie werden dadurch Getriebene, die sich von verschiedenen Energien und Kräften, von Seelen und Energiefeldern, benützen lassen.

Welches Gesetz bestimmt unser Leben?

Wir sollten uns einmal folgende Fragen stellen: Warum bin ich Mensch? Habe ich als Mensch eine Aufgabe?

Weiter sollten wir uns fragen: Welche Aufgabe habe ich? Gibt es eine höhere Macht, die sie mir zugeteilt hat? Wenn wir an eine höhere Macht glauben, dann sollten wir auch ihre Gesetze anerkennen.

Viele kennen physikalische Gesetze des Alls, z.B. das Gravitationsgesetz. Erkennen wir dieses Gesetz – das Gesetz der Anziehung der Massen – an, so sollten wir ebenso das Gesetz von Ursache und Wirkung – oben aufgezeigt am Vorgang unserer "Produktionen" und "Reproduktionen" – als geistiges Gesetz anerkennen: Was der Mensch sät, das wird er ernten.

Unser Leben ist die Saat. Entweder säen wir ein gesetzmäßiges oder ein ungesetzmäßiges Verhalten.
Säen und bauen wir auf das kosmische Gesetz der Liebe und Allharmonie, auf Gott – dann werden wir auch inneres Glück, Frieden, Gesundheit, Kraft und eine entsprechende Lebensqualität ernten. Säen und bauen wir jedoch auf das "Fleisch", auf die Sünde, auf das Gegensätzliche – werden wir ebenfalls entsprechend ernten. So, wie wir in den Wald hineinrufen, so kommt es auf uns zurück.
Säen wir also in Empfindungen, Gedanken, Worten und Handlungen Frieden, sind wir aufrichtig, ehrlich und gut, dann werden wir auch Frieden und kosmische Kraft ernten. Säen wir Unfrieden, verurteilen wir unseren Nächsten, säen wir Hass, Neid und Zwietracht oder schänden wir das Leben in und auf der Erde – dann werden wir auch Entsprechendes ernten. Unsere Ernte entspricht immer unserer Saat.
Wir sollten eindringlich über uns nachdenken und auch das Unterschwellige – unsere soge-

nannten Unterkommunikationen – kontrollieren. Es ist z.B. das, was wir nicht aussprechen, wenn wir anders reden, als wir denken. Denn unsere Rede kann "süß" sein, während unsere Gedanken "sauer" sind. Die sauren Gedanken sind dann unsere Unterkommunikationen.
Es kann sogar sein, dass wir gute Gedanken haben – in unserer Empfindungswelt sieht es aber eventuell anders aus: Wir haben ein sogenanntes "mulmiges Gefühl". Auf diese tieferen Regungen, die unter unseren Gedanken ablaufen, sollten wir achten. Das sind die tieferen Unterkommunikationen.
Erst wenn wir lernen, uns selbst zu durchschauen, erfahren wir, wer wir tatsächlich sind! Dazu bedarf es der Ehrlichkeit – und des tiefen Glaubens an eine höhere Macht, die mir beisteht und hilft, frei zu werden von dem, was ich noch an Negativem an mir habe.

Jesus sagte: "Was du einem Meiner geringsten Brüder antust, das hast du Mir getan!" Christus ist allen Menschen Bruder. Wer gegen einen anderen Menschen, seinen Nächsten, ist – der ist damit gegen Christus! Er ist auch gegen sich selbst, denn er muss selbst ernten, was er sät.

Was ein Mensch seinem Nächsten antut in Empfindungen, Gedanken, Worten und Werken, das tut er sich immer selbst an. Das ist dann seine "Sprache" und auch die Sprache seiner Ernte.

Die Seele im Menschen ist auf der Erde, um das zu bereinigen, was der Mensch in Vorinkarnationen und in dieser Einverleibung verursacht, jedoch noch nicht getilgt hat.

Wir selbst geben unsere Programme ein

Die Tage sind die "Unterrichtsstunden" für jeden einzelnen Menschen. Wer in den Unterrichtsstunden gewissenhaft arbeitet und auch die Aufgaben erfüllt, das heißt den Tag mit seinen Augenblicken, Sekunden, Minuten und Stunden nützt, der meistert die Erdenschule – sein irdisches Leben. Er kennt die Sprache seines Tages und weiß sie auch zu deuten. Er findet so zu sich selbst und nützt den Augenblick. Ganz allmählich lernt er die Sprache seiner Ober- und Unterkommunikationen kennen. Er spürt rechtzeitig, ob das, was er sagt, auch seinen Gedanken entspricht, und das, was er denkt, auch seiner Empfindungswelt. Auf diese Weise erfasst er sich selbst – und wird nicht von fremden Kräften erfasst, die ihn steuern.

Alles, was keine Unterkommunikationen mehr hat, was durch und durch wahrhaftig ist, unser positives, selbstloses Sein, das geben wir in den Allcomputer ein – und das kommt auch entsprechend wieder auf uns zu. Wir sind dann friedvoll, harmonisch, ehrlich, aufrichtig, gerecht und unseren Mitmenschen gegenüber gütig. Diese Kräfte sind Gotteskräfte. Sie helfen und dienen uns in jeder Situation. Unser Leben verläuft glücklich und friedvoll – und wir sind gesund.

Was wir jedoch in den Kausalcomputer eingeben, kommt ebenfalls auf uns zurück. Das gilt für alles ungesetzmäßige Handeln, für unsere abwertenden, neidischen, habgierigen Gedanken, unsere unaufrichtigen, also falschen Worte, die wohl süß klingen, jedoch das Saure, das Herabwürdigen, das Abwerten, das Verurteilen und den Neid in sich tragen. Unter diesen unseren negativen Produktionen leiden wir. Denn Leid, Krankheit oder Schicksalsschläge sind die Reproduktionen unserer Produktionen – von dem, was wir an Negativem in den Kausalcomputer eingegeben haben.

Die feinen, selbstlosen Empfindungen, alle selbstlosen, positiven Gedanken, Worte und Handlungen, das Für-den-Nächsten-und-mit-dem-Nächsten-Sein, unsere Aufrichtigkeit, Ehrlichkeit und Gerechtigkeit sind unsere Sprache, die uns der Allcomputer wieder zusprechen wird.

Unsere gehässigen Empfindungen, Gedanken und Worte hingegen, das Abwerten unserer Mitmenschen, all unser ichbezogenes, unlauteres Handeln und vieles mehr sind ebenfalls unsere Sprache, die uns der Kausalcomputer zurückgibt – unter der wir dann leiden werden.

In sich oder außer sich sein

Deshalb heißt es: Lebe den Augenblick – und werde dir bewusst, was dir der Augenblick sagen möchte!
Wer seine Sprache erkennt und sich entsprechend verhält – das heißt, auch befolgt oder bereinigt, was ihm der Augenblick, der Tag, zeigt –, der lernt sich selbst kennen. Viele Menschen leben den Augenblick und den Tag nicht, und daher kennen sie sich auch nicht. Sie leben entweder in der Vergangenheit oder in der Zukunft und verstehen die Sprache der Gegenwart nicht.

Wo unsere Gedanken sind, ist auch ein großes Potential unserer seelischen und physischen Energie. Dort ist dann ein Teil unseres Bewusstseins.
Das bedeutet: Wir sind wohl körperlich anwesend, leben jedoch mit unserem Bewusstsein nicht in der Gegenwart. Also sind wir gespalten in Hier und Dort!

Wir könnten das auch eine Art von Bewusstseinsspaltung nennen. Wir nehmen nicht an den Unterrichtsstunden des Tages teil, denn wir beschäftigen uns mit unserer Vergangenheit oder mit unseren Mitmenschen. Wir stellen z.B. fest, dass unser Nachbar dieses oder jenes besitzt, das wir uns nicht leisten können, oder wir beschäftigen uns mit Arbeitskollegen und -kolleginnen und glauben, dass sie uns ein Ärgernis waren oder sind. Wir denken oder sprechen also über Dinge, die uns nicht betreffen, oder über Vergangenes, das nicht mehr in die Gegenwart zu holen ist. Oder wir beschäftigen uns mit der Zukunft, obwohl wir doch nicht wissen können, ob alles so eintreffen wird, wie wir es uns vorstellen.

Mein Mensch ist hier, meine Empfindungen und Gedanken aber sind dort – das heißt: Ich lebe nicht im Augenblick und nicht in mir, sondern außerhalb von mir.

Wenn ich außer mir bin, bin ich nicht in mir.

Bin ich außer mir, dann gebe ich damit mein "Haus" – meinen irdischen Körper – frei, und

ein anderer kann ihn besetzen: z.B. gegensätzliche Kräfte, die mit ihren Beweggründen und Verhaltensweisen meinem menschlichen Ich entsprechen, meiner Empfindungs- und Gedankenwelt. Sie nehmen dann auf mich Einfluss und besetzen eventuell mein Haus.
Ganz geschickt steuern sie uns über unsere Unterkommunikationen, denn sie entsprechen ihrer Art. Wir merken kaum, dass wir selbst nicht mehr allein die Agierenden sind, weil wir uns selbst nicht kennen. Wir werden über unser eigenes Ich gesteuert – "fremdgesteuert", da wir nicht in uns waren. Wir haben unser Haus, unseren Körper, freigegeben, weil unser Bewusstsein – das, was unser Leben ist – zum Teil außerhalb von uns war.
Es lauern viele Gefahren, die auf jene Einfluss nehmen, die nicht "in sich" sind, sondern "außer sich".

Auswirkungen des Fallgeschehens

Die geistigen Gesetze sind allumfassend.
Wir wissen z.B. aus der Physik, dass alles Energie ist und dass keine Energie verlorengeht. Im Geistigen gilt das ebenso wie in der Materie.

Auch unsere Empfindungen, Gedanken, Worte, unser Handeln, unsere Leidenschaften, unser Hass, Neid und Streit sind Energien.
Ein geistiges Gesetz lautet: Gleiches zieht Gleiches an. Es bedeutet: Gleiche Kräfte ziehen wiederum gleiche Kräfte an; sie verbinden sich miteinander und verstärken sich dadurch. Infolgedessen hat alles sein Kommunikationsfeld.

Tag um Tag läuft unser Leben ab! Auch der Tag hat für unser Leben Energie.
Jeder Tag kann mit einem mächtigen Energiestrom verglichen werden, der für jeden Menschen das bringt, was für ihn heute, im Augenblick, in der Sekunde, in der Minute, in der Stunde von Bedeutung ist.

Dieser Energiestrom geht von der Urkraft, der Allkraft, aus – von Gott. Er ist das absolute Gesetz der Liebe und Gerechtigkeit, das durch die ganze Unendlichkeit strömt. Es durchströmt alle reinen Wesen, die geistigen Naturreiche und alle feinstofflichen Gestirne.
Das reine Sein wird von der Urkraft unmittelbar durchströmt. Das gilt ebenso für die Vorbereitungsebenen, die vor dem Himmelstor schwingen. In ihnen befinden sich die weitgehend gereinigten Seelen, also weitgehend lichte Wesen. Sie alle bereiten sich auf die ewige Heimat vor und lernen, das Absolute Gesetz in allen Details anzuwenden. Unter ihnen sind auch solche Seelen, die schon des öfteren als Menschen auf der Erde gelebt haben und den Läuterungs- und Reinigungprozess hinter sich haben.
Alle anderen Bereiche – z.B. die Reinigungsebenen und die Bereiche der Vollmaterie – werden von der Urkraft nur mittelbar durchströmt.
Alle Planeten dieser Bereiche bergen in sich einen Teil eines geistigen Planeten, also eine rein geistige Substanz. Diese ist die Anlaufstel-

le, die Schaltstelle für die Urenergie aus dem Allcomputer.

Zum besseren Verständnis hole ich hier etwas aus:
Diese Teile geistiger Planeten – die Schaltstellen für den Allstrom – sind Absplitterungen von mächtigen feinstofflichen Planeten der Himmel. Aufgrund des Fallgeschehens wurden sie von diesen reinen ätherischen Himmelskörpern abgesprengt. Sie dienen als Schaltstellen in den mehr oder weniger verdichteten Planeten, den Aufenthaltsstätten der Fallwesen.
Diese Teile geistiger Planeten bilden also die An- und Durchlaufstationen für die Urkraft. Über diese Schaltstellen belebt der Geist Gottes, das ewige Gesetz, die gröbere Struktur, die sich um die rein geistigen Aspekte gebildet hat. Diese An- und Durchlaufstationen der Urkraft haben sich in für uns unvorstellbar langen Zeiträumen ummantelt. Die Ummantelungen sind Energien unterschiedlicher Schwingungsgrade. So gibt es feinere Ummantelungen – in den Reinigungs-

ebenen – und dichtere Ummantelungen – die teilmateriellen Umhüllungen – und die grobstofflichen der Vollmaterie.

Ich wiederhole:
Diese Umhüllungen – auch Ummantelungen genannt – sind Folge des Fallgeschehens.
Da keine Energie verlorengeht, so muss sich auch jede Energie irgendwo befinden.
Jeder Teil eines geistigen Planeten – der Splitter also aus dem reinen Sein – zog diejenige Frequenz an, die im Laufe des Fallgeschehens in seine kosmische Zone kam. Das war dann sein magnetisches Feld.
Mit diesem Magnetfeld zog er dann – entsprechend seinem Magnetismus – weitere Frequenzen an, die von den Fallwesen und später von den Menschen ausgingen und noch ausgehen. Damit ummantelten sich die Teile der geistigen Planeten.
Aus diesem mächtigen Fallgeschehen kristallisierte sich das Gesetz von Saat und Ernte heraus – der Kausalcomputer.

So, wie sich die geistigen Splitter, die Planetenteile, mit den entsprechenden, niedrig schwingenden Energien aus negativen Empfindungen und Handlungen der Fallwesen ummantelt haben, so vollzog es sich auch mit den Fallwesen selbst. Auf diese Weise wurden die Fallplaneten zu mächtigen Kausalcomputern, in denen alles gespeichert ist – vom Beginn des Fallgeschehens an bis zum heutigen Tag.
Bis zur Bildung des Menschenkörpers dauerte es unzählige "Lichtzyklen", das heißt, es vollzogen sich unzählige Abläufe in der Bewegung der Gestirne.

Infolge der zunehmenden Belastung der Fallwesen verkleinerte sich allmählich ihr geistiger Leib. Die Umhüllung, die Verdichtung, bestand und besteht aus dem "Stoff" ihrer Empfindungen und ihres "Tuns". Im weiteren Verlauf der Verdichtung hin zum menschlichen Körper entstanden dann die Gedanken.
Da die Fallwesen nicht mehr miteinander harmonierten, sondern sich immer mehr gegen-

einander stellten und ihre unterschiedlichen Wünsche, Sehnsüchte und die auftretenden Leidenschaften sie im Inneren immer mehr voneinander trennten, ging die innere Kommunikation untereinander mehr und mehr zurück. Sie entwickelten eine äußere Verständigungsmöglichkeit durch Laute. Auf diese Weise nahm am tiefsten Punkt des Fallgeschehens ganz allmählich die Einverleibungshülle "Mensch" Form an.

Zu Beginn des Fallgeschehens entstanden also zuerst die sogenannten Fallwelten, die eine unterschiedliche Stofflichkeit, also Verdichtung, annahmen – je nachdem, wie sich die Fallwesen gegenüber dem ewigen Gesetz, Gott, verhielten. Es bildeten sich Fallwelten aus feineren und solche aus gröberen Substanzen. Sie wurden vor der Erlösertat Christi Fallebenen genannt und wurden danach zu Evolutionsstufen. Seit dem "Vollbracht", das Jesus, der Christus Gottes, auf Golgatha sprach, teilten sie sich in Vorbereitungs- und in Reinigungsebenen. Die Fallwelten bestehen also aus feineren Umhül-

lungen – bis hin zur gröbsten Umhüllung, der Materie.
Die Reinigungsebenen und die Vollmaterie sind jene Bereiche für alle Seelen und Menschen, die sich noch im Rad der Wiedergeburt bewegen und unter der Strahlung des Kausalcomputers stehen.
Alle Entfaltungsebenen bis hin zum reinen Sein der Himmel sind Bewusstseinsstufen. Nach dem Tode des irdischen Körpers wird die Seele gemäß ihrer geistigen Entfaltung auf jener Ebene – das heißt jener Bewusstseinsstufe – sein, die ihrem geistigen Bewusstseinsstand entspricht.
Auf der Vollmaterie, der Erde, leben Seelen aus allen Bewusstseinsstufen. Die Erde kann mit einem mächtigen Radarschirm verglichen werden, der alle Strahlen, also alle Seelen aus allen Bewusstseinsstufen, aufnimmt.
Wegen der sehr starken Verdichtung, der Masse Erde, der Materie, können sich Sonnen und Gestirne nicht mehr gegenseitig durchstrahlen – so, wie es im reinen Sein der Himmel geschieht, ebenso in den Vorbereitungsebenen

und auch in den Reinigungsebenen, die aus einem feineren Stoff bestehen, der den dort lebenden, entkörperten Seelen entspricht.
In dem materiellen Sonnensystem, zu dem auch die Erde gehört, strahlt die Sonne nur jene Teile der Planeten an, die ihr zugewandt sind. Wenn durch die Rotation sich z.B. ein Erdteil von der Sonne abwendet, dann wird es auf ihm dunkel; der Mensch sagt: "Es wird Nacht". Durch den Wechsel von Tag und Nacht, der sowohl den Seelen als auch den Menschen zugute kommt, wurde die Erde zur größten Bewährungs-, aber auch Gnadenstätte innerhalb der Fallreiche.

Die Bedeutung der Nacht für Seele und Mensch

Die Seele im Menschen ist nicht von dieser Welt. Sie ist ein kosmisches Wesen der Unendlichkeit und birgt in sich alle Gesetze der Unendlichkeit. Daher kann sich die Seele nicht über Jahre oder gar Jahrzehnte ausschließlich im physischen

Körper aufhalten, sondern muss sich – einerlei, welchen Bewusstseinsstand sie hat – immer wieder frei, das heißt ohne materiellen Körper, im Kosmos aufhalten und bewegen. Das kann sie, wenn ihre Hülle, der Mensch, tief schläft. Dann verlässt die Seele ihren schlafenden menschlichen Körper und bewegt sich in jenen geistigen Bereichen, die ihrem Bewusstseinsstand entsprechen. Mit ihrer irdischen Hülle bleibt sie über das Silberband – auch Informationsband genannt – verbunden.

Wir hörten vom Kausalcomputer und vom Allcomputer.
Der Allcomputer besteht aus der Urzentralsonne und den zweiten Ursonnen, den Wesenheits- und Eigenschaftssonnen; sie werden auch die sieben Prismensonnen genannt. Diese zerlegen die sieben Grundkräfte Gottes, die von der Urzentralsonne ausgehen. Jede dieser sieben Grundkräfte ist in jeder enthalten. Sie strahlen als sieben mal sieben Gesetzeskräfte in die sieben mal sieben reinen Himmel.

Der Allcomputer ist das Absolute Gesetz, Gott. Und was er ausstrahlt, ist wieder das ewige Allgesetz, Gott.
Wir könnten auch sagen: Die Urzentralsonne ist der Ursprung der Quelle, Gott. Und was sie ausströmt, das ewige Gesetz, ist die Quelle, Gott. Der Ursprung der Quelle und die Quelle selbst enthalten sämtliche Gesetzmäßigkeiten Gottes und alle göttlichen Informationen im All.

Das Absolute Gesetz ist Gott.
Form geworden ist es in der Wesenheit Gott-Vaters. Er, der All-Eine, hat allen reinen Wesen die Essenz der Himmel als Erbe gegeben und ihnen dadurch die Göttlichkeit verliehen. Es ist das ewige Gesetz, in dem jedes reine Wesen lebt, aus dem es ist und aus dem es ewig schöpft.
Der Allcomputer strahlt also das Absolute Gesetz aus.
Der Kausalcomputer strahlt das aus, was jeder einzelne Mensch an gegensätzlichen Empfindungen, Gedanken, Worten, Handlungen, Regun-

gen, Neigungen, Leidenschaften, Trieben oder drängenden Wünschen eingegeben und nicht bereinigt hat. Alles dies bleibt sowohl in der Seele als auch im Kausalcomputer registriert. Wenn der Mensch jedoch sein sündhaftes Verhalten von Herzen bereut und es durch Wiedergutmachen, Vergeben und durch Bitte um Vergebung bereinigt, dann wird es in seiner Seele gelöscht.
Was in der Seele behoben ist, das ist damit gleichzeitig im Kausalcomputer gelöscht: Aus den ehemals gespeicherten gegensätzlichen Energien werden positive Kräfte, denn durch das Bereinigen des Gegensätzlichen wird – durch Gottes Gnade – das Negative in Positives umgewandelt. Das Positive geht dann in den Allcomputer ein und wird in den Bereichen der Vorbereitungsebenen gespeichert – als ”Erkenntnis- und Erinnerungspotential“.

Man kann sagen, dass auch die Seele ein Computer ist, der sowohl das Positive als auch das Gegensätzliche aufnimmt. Was die Seele an

Licht aufnimmt, ist göttlich und geht in den All-computer ein – das Sündhafte der Seele wird im Kausalcomputer gespeichert.
Das kosmische Gesetz lautet: Das Licht zieht wiederum Licht an, das Dunkle zieht wiederum Dunkles an.
Wir sollten uns bewusst machen, dass jeder Energieaspekt – ob wir ihn Strahlung oder Kraft oder Empfindung oder Gedanke oder Wort oder Neigung oder Handlung nennen – Bewusstsein ist.
Auch die Erde besteht aus unzähligen Bewusstseinsaspekten. Ob wir sie Steine, Kohle, Minerale, Erze oder wie auch immer nennen – alles sind Energien, die ihre unterschiedlichen Bewusstseinsgrade haben und entsprechend dieser Schwingung ihres Evolutionsgrades ausstrahlen.
Das gilt für alles im ganzen Universum – auch für Seele und Mensch. Was die Seele ausstrahlt an Licht und Schatten, das wirkt sich auch am Körper aus. Der Mensch selbst, die Umhüllung der Seele, besteht ebenfalls aus unzähligen

Bewusstseinsaspekten – es sind die Zellverbände –, die ebenfalls ihrer Schwingung entsprechend ausstrahlen.
So kann man sagen: Der Mensch ist sein Gedanke. Er ist sein Gedankenkörper. So, wie er denkt und sich verhält, so strahlt er aus; das zeichnet ihn. Die Ausstrahlung der Seele ist ihr Bewusstseinsstand.
Alle diese unzähligen Energieaspekte sind, wenn sie positiv, also göttlich sind, im Allcomputer gespeichert – oder im Kausalcomputer, wenn sie gegensätzlich, also negativ, sind.

Wie wir hörten, verlässt die Seele nachts ihre materielle Hülle und geht, ihrem Bewusstseinsstand entsprechend, in die Bereiche, von denen sie angezogen wird. Dort sammelt sie verschiedene Eindrücke und nimmt diese am Morgen, bei ihrer "kleinen Inkarnation", mit in ihren irdischen Körper, bevor dieser erwacht. Eine Seele mit höherem Bewusstseinsstand geht auch in höhere und feinere Bereiche. Dort nimmt sie an geistigen Schulungen teil, die von reinen Wesen geleitet werden. Von ihnen wird sie über die Gesetze Gottes und über das Gesetz von Saat und Ernte belehrt. Außerdem werden der erwachten, lichten Seele auch Erläuterungen und Hilfen für ihren neuen Tag im Erdenkörper mitgegeben. Mit diesen Unterweisungen, Hinweisen und Hilfen geht sie dann in ihren Körper zurück – in ihr Haus aus Fleisch und Bein.

Bei dessen Erwachen ist die Seele schon in ihrer Hülle Mensch. Denn über das Informationsband vernimmt sie, wann ihr irdischer Körper in einen leichteren Schlaf kommt und kurz vor dem Erwachen ist. Sie ist schon wieder in ihr Haus hineingeschlüpft, bevor dann der Körper erwacht – oder ist gerade dabei; das merken wir dann, wenn der Körper beim Erwachen ruckartige Bewegungen macht.

Die mitgebrachten Informationen, Unterweisungen, Hinweise und Hilfen gehen von der nun wieder einverleibten Seele als Strahlung aus. Die erwachte Seele versucht also, ihrer Hülle, dem Menschen, die Eindrücke aus den Bereichen jenseits der Materie zukommen zu lassen, und strahlt ihre Weisheiten und ihr Wissen in sein Gehirn ein. Denn gerade diese mitgebrachten Unterweisungen sind als Hilfen für den neuen Tag im Erdenkleid für sie und ihre Hülle, den Menschen, bedeutungsvoll.

Der auf Gott ausgerichtete Mensch, der im Augenblick lebt, kann die Impulse der Seele empfangen und wird sich auch entsprechend verhalten. Gerade mit den morgendlichen Impulsen kann er unter Umständen schon sein Tagesprogramm gestalten. Wenn der Mensch dann in jeder Situation, auch bei seiner Arbeit, im Augenblick lebt, dann wird er unermüdlich von der Seele Impulse erhalten, die sie in den lichteren und feineren Bereichen empfangen hat.

Eine noch verschattete, unbelehrbare Seele hingegen kann des Nachts nicht in höhere und feinere Bereiche, weil sie hierfür ihr Bewusstsein noch nicht erschlossen hat. Auch sie verlässt ihren schlafenden Körper – sie bewegt sich jedoch entweder in niederen Astralbereichen oder auf dieser Erde. Von dort also, von wo sie gemäß ihren Gedankenmustern, ihren Entsprechungen angezogen wurde, nimmt auch sie ihre Eindrücke mit in ihren Körper. Eine solche Seele betritt stumpf und dumpf, so wie noch ihr Bewusstsein ist, wieder ihren physischen Leib, der dann beim Erwachen nicht so recht weiß, was er mit dem neuen Tag anfangen soll.

Menschen, die nicht die Tagesenergie nützen, lassen sich vielfach von verschiedenartigen Astralenergien treiben – und vergeuden ihren wertvollen Tag, der auch für sie viele Unterrichtsstunden bereithielt. Wer den Tag an sich vorbeistreichen ließ, hat also am Unterricht des Tages nicht teilgenommen – und hat sich selbst nicht erkannt. Das bedeutet, dass er Tag für Tag an seinen Ursachen weiterbaut – und somit an seinem Schicksal, an seinem Leid und all dem, was ihn als Wirkung treffen kann.

Wenn also die physischen Körper, die Menschen, tief schlafen, gibt die göttliche Welt jenen Seelen, die belehrt werden wollen, Unterweisungen, Hinweise und Hilfen für ihren

neuen Tag im Erdendasein. Diese Belehrungen und Hilfen richten sich nach dem All- oder dem Kausalcomputer – je nachdem, was die Speicherungen dem Menschen am neuen Tag zeigen werden.
So können wir sagen: Unser ewiger himmlischer Vater und die reinen Wesen der Himmel, unsere Brüder und Schwestern im ewigen Sein, helfen uns auf mannigfache Art und Weise. Sie helfen uns, das richtig zu erkennen, was der neue Tag uns bringen wird – und geben uns zugleich Hilfen, wie wir es nach dem Gesetz des inneren Lebens bereinigen können. Die göttliche Welt hilft uns auch, Probleme zu lösen und in den Situationen, die der neue Tag bringt, die gesetzmäßige Lösung zu erkennen. Die Voraussetzung ist jedoch, dass wir den Tag leben.

Nütze die Chance der Erdenschule – sonst leidet deine entkörperte Seele

Jeder Mensch befindet sich in der Lebensschule Erde und sollte die Unterrichtsstunden, den Tag, nützen! Die Bausteine des Tages – die Augenblicke, Sekunden, Minuten und Stunden – sind für jeden Einzelnen von uns von größter Bedeutung.
Lebe den Augenblick! Denn wohin sich der Mensch mit seinen Empfindungen und Gedanken auch begibt, dorthin geht ein Teil seines Bewusstseins; dorthin fließt auch seine seelische und physische Energie, und dort baut sich der Inhalt seiner Empfindungen und Gedanken auf.

Erinnern wir uns: Alle Seelen in den Stätten der Reinigung, alle einverleibten Seelen und ihre Hüllen – die Menschen – erhalten fortwährend Informationen, die ihrem Bewusstseinsstand entsprechen. Der Tag spricht zu jedem Menschen in dessen eigener Sprache – und jeder

kann den Tag daher auch in seiner eigenen Sprache verstehen.
Die Sprache des Tages eines anderen jedoch kann nicht jeder verstehen – es sei denn, er hat Gleiches oder Ähnliches in sich gespeichert, das in ihm zur selben Zeit vom All- oder vom Kausalcomputer angesprochen wird. Dann ist es möglich, dass sich zwei Menschen begegnen, damit sie miteinander das besprechen oder bereinigen, was heute – also jetzt – für sie vorgegeben ist.
Ich wiederhole: Alles bewegt sich nach ehernen Gesetzen – wie die Gestirne, so auch der Kausalcomputer, in dem das Gesetz von Saat und Ernte gespeichert ist. Er speichert alles, was der Mensch an Negativem erzeugt, und strahlt zurück – für jeden einzelnen Menschen und auch für jede Seele in den Stätten der Reinigung –, was für den jeweiligen Tag angezeigt ist.

Der Kausalcomputer erlegt dem Menschen nicht von einem zum anderen Tag ein Schicksal auf. Vom ewigen Gesetz, dem Allcomputer, werden

– über den Kausalcomputer – Seele und Mensch immer wieder ermahnt, bevor das eintritt, was der Mensch selbst in den Kausalcomputer eingegeben hat.
Bevor zum Beispiel eine Krankheit ausbricht oder ein Schicksalsschlag erfolgt, empfangen Seele und Mensch viele Impulse, Warnungen und Hinweise. Wer im Augenblick lebt, nimmt diese Mahnungen und Warnungen wahr.
Gott, unser ewiger Vater, ermahnt und warnt uns über den Kausalcomputer. Wer dann das Erkannte mit Ihm rechtzeitig behebt, in dessen Seele wird das, was eventuell in Kürze über ihn hereingebrochen wäre, teilweise oder ganz umgewandelt. Auch im Kausalcomputer wird es dann teilweise oder ganz gelöscht.
Auch wenn eine schwerwiegende Ursache zugrunde liegt und der Mensch noch einiges an Wirkungen zu tragen hat, weil dies der weiteren Läuterung seiner Seele dient, so kann er sicher sein: Wenn er trotz aller Widerwärtigkeiten auf Gott vertraut und das Erkannte bereut, um Vergebung bittet und vergibt, dann muss er nur

einen Teil dieser schwerwiegenden Ursache als Wirkung tragen. Wer jedoch den Augenblick nicht lebt und deshalb sein Fehlverhalten nicht erkennt und aufarbeitet, der wird die volle Wirkung zu tragen haben – dann, wenn der Kausalcomputer die ganze Ursache als Wirkung ausstrahlt.

Denken wir daran: Was ein Mensch auf Erden bereinigen kann, das ist der Seele oft erst in langen "Lichtzyklen" möglich. Denn in den Stätten der Reinigung "gehen die Uhren anders". Dort gibt es weder Tag noch Nacht, und es bestehen ganz andere Lichtverhältnisse, so dass auch die Strahlung zwischen Kausalcomputer und Seele anders verläuft.
Wenn der irdische Leib hinscheidet, dann registrieren dies der Allcomputer und der Kausalcomputer:
Was der Kausalcomputer gespeichert hat, kommt dann in der Seele in größeren Abständen zur Wirkung, da er sich nun einzig auf die "Lichtzyklen" einstellt. Er spiegelt der entkör-

perten Seele ihre Ursachen und das dadurch bedingte Leid in Bildern ein. Das bedeutet: In der entkörperten Seele wirken die gesetzten Ursachen viel intensiver, da die Seele alles, was sie ihrem Nächsten an Leid zugefügt hat, in und an ihrem Seelenleib selbst erleben muss.
Im irdischen Leib hätte sie die Möglichkeit gehabt, Fehler und Sünden im Laufe von Tagen abzulegen – als entkörperte Seele in den Stätten der Reinigung dagegen vermag sie dies unter Umständen erst in langen, unvorstellbaren Leiden.
Als Mensch hätte die Seele so manche Belastung im physischen Leib abtragen können; die Schmerzen wären geringer gewesen, denn manche Krankheit und mancher Schmerz kann durch Naturheilmittel oder schmerzstillende Mittel Linderung erfahren. In den Seelenreichen jedoch gibt es keine lindernden Mittel; dort kann nichts gedämpft werden – denn die Seele muss so lange ihr Leid ertragen, das sie anderen zugefügt hat, bis sie erkennt und von Herzen bereut.

Und während die Seele auf der Erde, im physischen Körper, mannigfache Hilfen aus der Gnadenhand Gottes erhält, spürt sie im Seelenreich nicht nur Schmerzen – ähnlich wie im physischen Leib –, sondern sie spürt auch die Schmerzen und das Weh derer, denen sie Leid, Schmerz, Kummer oder Sorgen zugefügt hat.
Gleichzeitig muss sie in ihrem Seelenleib die ganze Tragweite ihres menschlichen Ichs sehen und erleiden – und auch das, was sie dadurch im anderen bewirkt hat.
Der Kausalcomputer speichert die Daten und bringt sie auch wieder als Bilder in den Seelenleib, die Schmerz und Leid in sich tragen. Diese Bilder werden in der entkörperten Seele in Einzelheiten lebendig. Sie spürt das Weh ihres eigenen Ichs in sich selbst und zugleich das Leid, das sie anderen zugefügt hat.

Wer dies ernsthaft überdenkt und sich dessen bewusst wird, ist davon angesprochen und wird sein Erdenleben nützen – den Augenblick, die Sekunde, die Minute, die Stunde – alle Bau-

steine des Tages; denn sie sind Gnadengaben Gottes.
Wer in den Bausteinen – in den Augenblicken – lebt, der erlebt und erfährt sich und beginnt, allmählich richtig zu leben.
Wer jedoch nicht im Augenblick lebt, weil er sich mit unnützen Dingen beschäftigt – wie z.B. mit der Vergangenheit oder der Zukunft – oder sich in Dinge einmischt, die nur seine Mitmenschen betreffen, der wird von dem gelebt, was er in Empfindungen, Gedanken, Worten und Taten ausgesandt hat.

Werde frei von den selbstgeschaffenen Ursachen und vom Rad der Wiedergeburt

Wer also im Gesetz von Saat und Ernte lebt – das heißt, in der Sünde –, der steht unter den Einwirkungen des Kausalcomputers und wird von ihm gesteuert.
Uns Menschen ist von Gott, unserem Vater, und von Christus, unserem Erlöser, geboten, die Ge-

setze Gottes zu erfüllen: die Zehn Gebote, die Auszüge aus dem allumfassenden Gesetz, Gott, und die Bergpredigt. Wer sich bemüht, danach zu leben, der findet heraus aus dem Gesetz von Saat und Ernte, das sein eigenes "Tümpelgesetz" ist.

Der Mensch lebt so lange unter dem Druck seiner eigenen Ursachen, im Tümpel seiner negativen Empfindungen, Gedanken, Worte und Taten, seiner Leidenschaften, Begierden und Gehässigkeiten – bis er umdenkt und sich mit der Kraft Christi aus seinem Sumpf erhebt. Dann erst beginnt er, allmählich in Gott zu leben, und entrinnt dem Rad der Wiedergeburt, das vom Allcomputer bewegt wird.
Erst wenn wir dem Rad der Wiedergeburt durch die schrittweise Erfüllung der Gesetze Gottes entronnen sind, werden wir von Gott, dem Absoluten Gesetz, unmittelbar geführt. Diese Führung geschieht dann vom reinen Sein her, vom allgegenwärtigen Gottesgeist – ohne Zwischenschaltung des Kausalcomputers.

Viele Menschen beschäftigen sich mit dem Horoskop, mit den Einwirkungen der Gestirne auf unseren Tagesablauf. Die Gestirne können nur so lange unser irdisches Leben steuern, wie wir unter dem Druck unserer eigenen Ursachen leben, also in jenen Bereichen, in denen der Kausalcomputer wirkt. Durch die Verwirklichung der Gesetze Gottes jedoch finden Seele und Mensch aus dem Rad der Wiedergeburt heraus – und dann stimmt für sie das Horoskop nicht mehr, denn sie stehen nicht mehr unter dem Einfluss der Gestirne.

Denken wir über folgende Aussage nach: Dem Reinen dient das Reine, dem Unreinen das Unreine – also jedem das Seine: das, was er gesät hat.

Wer sich im Reinen bewegt, im Gesetz Gottes, der hat die Wiedergeburt im Geiste des Herrn erlangt. Er ist mit seinem Nächsten im reinen und in Harmonie mit den Kräften der Naturreiche, der Mineralien, Pflanzen und Tiere.

Das Leben, Gott, ist das ewige, allgegenwärtige kosmische Gesetz der Liebe und Harmonie. Es strömt durch die Unendlichkeit und bewirkt das, was es ist: Liebe, Harmonie, Frieden, Glück und Gesundheit. Es gereicht dem zum Wohle, der im Allgesetz, Gott, lebt.

Das ewige Gesetz, Gott, das Allgesetz der Liebe, offenbart sich ebenso in jedem irdischen Tag. Es ist bestrebt, jeder Seele und jedem Menschen das zu bringen, was es ist: selbstlose Liebe, Harmonie, immerwährendes Glück und Friede.
Verstößt der Mensch gegen dieses ewige Gesetz der Liebe und Allharmonie, dann schafft er sein eigenes Gesetz, das Gesetz des menschlichen Ichs. Es ist das, was der Mensch an Ungöttlichem sät mit seinen menschlichen Empfindungen, Gedanken, Worten und Taten. Er sät auch alle Aspekte seiner Leidenschaften und Begierden, seiner Feindseligkeiten und Süchte – wie Trunksucht, Esssucht, übersteigerte Sexualität oder übermäßiges Rauchen.

Das ist dann sein persönliches Gesetz; es wird von seiner Seele registriert und gleichzeitig vom Kausalcomputer. Damit bindet sich die Seele an das Rad der Wiedergeburt. Auf diese Weise also schafft jeder Mensch sein persönliches Gesetz – entsprechend seiner Empfindungs- und Gedankenwelt. Das ist dann sein individuelles Leben.
Wenn wir aus dieser Sicht unser Leben überdenken, wird uns bewusst, dass das, was uns der Augenblick bringt, nie der Augenblick unseres Nächsten sein kann, denn dieser hat wieder eine andere Empfindungs-, Gedanken- und Sinneswelt. So, wie wir nicht für andere essen, trinken, schlafen und gehen können, so können wir auch nicht den Augenblick eines anderen durchleben – und er nicht unseren Augenblick und unsere Situation.
Wir können das Leben unserer Mitmenschen wohl beeinflussen, indem wir z.B. herrschsüchtig auf sie einwirken und sie zwingen, unseren Willen zu tun. Schon das Wort "herrschsüchtig" sagt, dass andere beherrschen zu wollen eine

Sucht ist. Tun wir das mit Erfolg, dann sind wir an unsere Mitmenschen gebunden, die wir zu Hörigen gemacht haben. Jede Bindung ist wider das göttliche Gesetz des freien Willens. Auch solche Ursachen nehmen die Seele und der Kausalcomputer auf.

Haben wir also gegen das Gesetz, Gott, verstoßen, dann kann das göttliche, ewige Gesetz der Liebe und Allharmonie uns nicht unmittelbar berühren, da es von unserem persönlichen Gesetz – das auch das Ichgesetz oder Astralgesetz genannt wird – überlagert ist.

Dennoch fließt das ewige Gesetz uns zu: Es fließt in den Kausalcomputer ein und bewirkt, dass in unserer Seele und in uns, dem Menschen, offenbar wird, was wir verursacht haben. Das göttliche Gesetz wirkt dabei mittelbar – über den Kausalcomputer –, weil die Überlagerungen unseres Ichgesetzes es nicht ungehindert strömen lassen.

Das heißt: Wir haben gegen das ewige Gesetz der Liebe und Harmonie verstoßen. Wir allein sind der Hinderungsgrund, dass das Gesetz Gott uns nicht unmittelbar durchströmen kann. Die von uns geschaffenen Ursachen sind es also, die dem göttlichen Strom entgegenstehen.

Jeder Augenblick ist ein Wegweiser

Es ist deshalb für uns von zentraler Bedeutung, im Augenblick zu leben, uns selbst zu erfahren und rechtzeitig das zu beheben, was wir an Menschlichem erkannt haben.
Wer in den Bausteinen des Tages lebt – in den Augenblicken, den Sekunden, Minuten und Stunden –, der ist geführt und wird deshalb auch rechtzeitig daran erinnert oder ermahnt, was er umsetzen sollte, damit er nicht in seine eigene Falle geht und die von ihm selbst eingegebenen Schicksale, die Folgen, die Wirkungen seiner Ursachen, heraufbeschwört. Nützt er nicht die vielen Möglichkeiten, Erinnerungen und Ermahnungen, dann wird er von dem befallen, was er selbst in seine Seele und in den Kausalcomputer eingegeben hat. Denn jeder

Tag fächert jedem Einzelnen von uns einen Teil von dem auf, was er selbst eingegeben hat.
In jedem Augenblick blitzen im Menschen die Empfindungen und Gedanken auf, die mit seiner seelischen und physischen Situation zu tun haben. Sie wollen ihn entweder warnen oder ihm neue Wege weisen oder ihm aus einer Situation heraushelfen oder ihn in einer Situation richtig führen.
Die Bausteine des Lebens – die Augenblicke – helfen uns also, unsere Lebenssituation zu meistern. Sie zeigen uns z.B. in einer Krankheit den Weg zur Gesundheit. Selbst wenn sie ein Schicksal oder eine Krankheit einleiten, so dürfen wir dennoch gewiss sein, dass in jedem Schicksal und in jeder Krankheit der Weg zur Gesundheit und Freiheit aufgezeichnet ist.
Machen wir uns bewusst, dass in allem – auch in Krankheit, Schicksal, Leid und Sorgen – die Kraft Gottes gegenwärtig ist!
Wenn wir uns Gott zuwenden und uns bemühen, ein lauteres Leben zu führen, dann werden wir im Schicksal, in der Krankheit, im Leid

und in den Sorgen Gott erfahren und auf mannigfache Art und Weise Führung und Hilfe erlangen. Gottes Liebe und Gnade wirken dann, wenn wir uns Gott hingeben – und uns bemühen, das von uns erkannte Sündhafte zu bereuen, um Vergebung zu bitten und selbst zu vergeben und es nicht mehr zu tun.

Wenn wir jedoch die Augenblicke unseres Lebens nicht erfassen, dann erfassen sie uns, und wir müssen tragen, was wir gesät – also in unsere Seele und in den Kausalcomputer eingegeben – haben.
Der "Leichtfuß", der den Tag verstreichen lässt, sagt: "Das Schicksal lenkt uns; wir müssen es so hinnehmen, wie es kommt, da es höhere Bestimmung ist."
So einfach dürfen wir es uns nicht machen! Schließlich haben wir einen Verstand! Ist dieser jedoch mit all dem Unwesentlichen vollgestopft, womit sich der Alltagsmensch täglich beschäftigt, mit unseren vielen Gefühlen und Gedanken, dann wissen wir zuletzt selber nicht

mehr, wer wir sind – sondern nur noch, dass man uns so nennt, wie wir heißen!
Denken wir immer daran: Unser geistiger Leib, die Seele, hat sich in einen irdischen Körper eingeboren, um in der Zeitspanne, in der sie auf der Materie lebt, das abzutragen, was sie sich als Mensch in Vorexistenzen und in dieser Existenz aufgeladen und noch nicht bereinigt hat.

Der Wegweiser zum höheren Leben, der Tag, spricht zu uns und zeigt uns in Bildern, was wir bereinigen sollen oder was wir schon bereinigt haben.
Wer den Augenblick lebt, dem zeigt der Augenblick, wie er seine Situationen und seine täglichen Arbeiten meistern kann und wie er aus Schwierigkeiten und Problemen herausfindet.
Der Tag spricht also auf mannigfache Weise zu jedem Einzelnen von uns, entsprechend dem, was wir in uns tragen, Licht oder Schatten.
Somit ist jeder Mensch der Erbauer seines Schicksals; denn was auf ihn zukommt, das

hat er selbst in seine Seele und in den Kausalcomputer eingegeben. Nichts kann auf uns zukommen, was nicht von uns in unsere Seele und in den All- oder Kausalcomputer eingegeben wurde. Alles – sowohl das Positive als auch das Gegensätzliche – beruht auf unseren Empfindungen, Gedanken, Worten und Taten, auf unseren Regungen und Neigungen, auf unseren Leidenschaften, auf Neid, Hass oder Streit. Der Mensch prägt sich mit Göttlichem und mit Sündhaftem.

Wie der Wind die Wolken bewegt und treibt, so lassen sich viele Menschen von ihren Gedanken treiben: von einem Gedanken zum anderen, von einer Situation zur anderen.
Wir sollten erkennen: Wer sich treiben lässt, der wird getrieben – und baut damit am Gebäude seines eigenen Schicksals!
Machen wir uns bewusst: Alles will uns etwas sagen!
Wer nicht bewusst im Tag lebt, der wird zum Getriebenen. Was er in den Hinweisen, Erin-

nerungen und Ermahnungen des Augenblicks übersehen hat – das wird ihn treiben: Es ist sein eigenes Ich.

Unsere Gedankenformen

Wenn wir nicht wach und bewusst im Tag und im Tagesgeschehen leben, sondern außerhalb – in der Vergangenheit oder in der Zukunft –, dann vergeuden wir unser Leben und verlieren immer mehr an Körperenergie. Es fließt uns dann nur noch so viel Gotteskraft zu, wie notwendig ist, um den Körper am Leben zu erhalten.

Alles andere – das heißt, alle weiteren Energien – holen wir uns deshalb entweder von unseren Mitmenschen, die wir wie Sklaven an uns binden, uns gefügig machen und sie dazu bringen, unseren Willen zu tun, oder wir holen sie durch Süchte wie Völlerei, Trunksucht oder übertriebene Sexualität. Diese zusätzlichen Energien sind jedoch keine reinen, sondern herunter-

transformierte Energien, die den Energiemangel nur scheinbar auffüllen.
Jede Sucht deutet hin auf eine Mangelerscheinung im seelischen Bereich: Da die Seele und der Mensch zu wenig Lebensenergie haben, holen sie sich diese durch die Süchte. Bei einem solchen Energiemangel stagnieren sowohl die Seele als auch der Mensch in ihrer geistigen Entwicklung. In vielen Fällen revoltiert dann die Seele, um ihrem Menschen zu zeigen, dass er die Mängel beheben soll, die zu den Ausschreitungen und den Süchten geführt haben. Dabei helfen wieder die Bausteine des Tages, die Augenblicke.

Wer die vielen Hinweise und Ermahnungen unbeachtet lässt, die ihm Jahr für Jahr in den unzähligen Augenblicken des Tages gegeben werden, der schafft zu dem, was die Seele ohnehin schon trägt, zusätzlich noch Gedankenformen. Wer also über Jahre und Jahrzehnte hinweg stagniert, indem er immer und immer wieder, Tag für Tag, Gleiches und Ähnliches denkt, der

schafft eine oder mehrere Gedankenformen – seine Ebenbilder, die dann abrufbereit stehen. Wenn wir immer wieder über unsere Vergangenheit nachdenken und sprechen und sie damit herbeizitieren, so dass diese Bilder in uns gegenwärtig werden – dann bauen wir Gedankenformen der Vergangenheit auf.
Wenn wir jahrelang mit Mitmenschen im Streit liegen und den Anlass zum Streit immer wieder bereden und in unseren Empfindungen und Gedanken aufleben lassen, dann schaffen wir dadurch eine Gedankenform.
Wenn wir jahrelang einen unserer Mitmenschen abwerten – das heißt, wenn wir an ihm kaum ein gutes Haar lassen –, dann schaffen wir dadurch eine Gedankenform.
Wenn wir mit allen unlauteren Mitteln, die uns zur Verfügung stehen, Mitmenschen in ein schlechtes Licht zu stellen suchen, dann schaffen wir dadurch Gedankenformen.
Wenn wir einen Mitmenschen verleumden, missachten und lächerlich machen oder gar ihn dazu anderen preisgeben, dann schaffen wir

dadurch eine oder mehrere Gedankenformen.
Wenn wir uns in Gedanken Zukunftsbilder malen – welcher Art sie auch sind –, dann schaffen wir ebenfalls Gedankenformen.
Wenn ein Mensch über Jahre und Jahrzehnte hinweg immer wieder über gleiche oder ähnliche Dinge nachsinnt, darüber spricht oder das Gleiche immer wieder tut, dann schafft er dadurch entsprechende Gedankenformen.

Wer also jahrelang nicht im Augenblick lebt, der ist nicht nur "außer sich", er schafft auch außerhalb von sich selbst unsichtbare Gedankenformen.
Wohin unsere Empfindungen, Gedanken, Wünsche und Leidenschaften gehen, dort ist ein Teil unseres Bewusstseins – dort bauen wir unsichtbare Gestalten unseres menschlichen Ichs auf.

Merken wir uns: Alles ist Energie. Somit ist jede Empfindung, jeder Gedanke, jedes Wort, jedes Handeln, jede Bewegung, jede Leidenschaft, jede Triebhaftigkeit, jede Sucht Energie.

Da keine Energie verlorengeht, so muss sie sich irgendwo befinden: Wie wir wissen, gehen unsere positiven Energien – unser göttliches Empfinden, Denken, Sprechen und Handeln – in die Seele ein und in den mächtigen Allcomputer Gott. Über die Seele strahlen sie durch den Menschen und bewirken in und an uns Gesundheit, Frieden und Glück. Diese Gaben innerer Liebe tragen wir dann wieder in die Welt und helfen mit, dass weitere Menschen zum inneren Frieden und zur Selbstlosigkeit finden.

Unsere negativen Energien gehen ebenfalls in unsere Seele ein. Sie werden vom Kausalcomputer registriert.

Wenn wir über Jahre und Jahrzehnte hinweg die Bausteine des Tages, die Augenblicke – das heißt ihre unzähligen Impulse, umzudenken und Gottes Gesetz zu erfüllen – unbeachtet lassen, dann schaffen wir zusätzlich noch die Gedankenformen. Diese sind letzten Endes nichts anderes als unser "Abdruck", also wir selbst, denn sie bauen sich mit dem auf, was wir an Gegensätzlichem aussenden.

Wir können die Gedankenformen, die sich aus gleichen und ähnlichen Aspekten unseres menschlichen Ichs zusammensetzen, auch unsere Gedankenfelder nennen.

Die Gedankenformen können wir auch mit unsichtbaren, nebelartigen Wesenheiten vergleichen, die unsere Entsprechungsbilder sind, denen wir durch unsere immer wiederkehrenden gleichen und ähnlichen Gedanken Impulse und Kraft zum Handeln verleihen.
Wenn wir dann Gleiches oder Ähnliches denken wie das, womit wir unsere Gedankenformen aufgebaut haben, dann geben wir ihnen gleichsam das Signal, auf uns zuzukommen und auf uns einzuwirken. Durch unser menschliches Verhalten setzen wir also selbst unsere "Abdrücke" – unsere Gedankenformen, unser formgewordenes Ich – in Bewegung. Sie kommen wie Roboter auf uns zu und beeinflussen oder bestärken uns, erneut das zu tun, womit wir sie aufgebaut haben – das, was wir also selbst sind. Sie fordern dann geradezu von uns,

Gleiches oder Ähnliches wieder zu denken oder zu tun.

Diese von uns geschaffenen Gedankenformen bauen sich aus unseren seelischen und physischen Kräften auf. Das bedeutet für uns: Je mehr Gedankenformen wir schaffen, um so kraftloser werden wir selbst. Denn unsere Gedankenformen verleihen uns keine Kraft, ganz im Gegenteil; sie verlangen immer mehr Energie von uns, denn sie zielen darauf ab, dass wir immer und immer wieder Gleiches oder ähnlich Negatives empfinden, denken, sprechen oder tun.

Wir können nicht unseren Gedankenformen, den sogenannten Robotern, befehlen, dass sie unsere Mitmenschen beeinflussen. Unsere Gedanken sind unsere eigenen Entsprechungen. Sie werden durch einen von uns gegebenen Gedanken- oder Wortimpuls in Bewegung gesetzt und kommen nicht auf einen unserer Nächsten, sondern auf uns zu. Wir haben diese Gedankenformen mit unseren gegensätzlichen Energien aufgebaut und sie damit auf uns selbst programmiert – denn Gleiches zieht zu Gleichem.

Jedoch kann einer unserer Nächsten aus unseren Gedankenformen Aspekte abrufen oder unsere Gedankenformen an sich heranziehen, so dass sie auch auf ihn einwirken – wenn in ihm gleiche oder ähnliche Entsprechungen vorliegen oder sich auf den Menschen beziehen, der die Gedankenformen geschaffen hat.
Es kann also gesagt werden: Jeder Mensch, der jahre- und jahrzehntelang außer sich und nicht im Augenblick lebte und lebt, sich also nicht im Tag bewegt, schafft sich seine eigenen zerstörerischen Gedankenformen, seine Roboter.

Die positiven Energien

Im Tag leben heißt: alles, was der Tag bringt, in rechter Weise an- und aufzunehmen; es nicht unbeachtet zu lassen; das Menschliche, das er uns zeigt, zu erkennen und zu bereinigen, und die Arbeit, die vor uns liegt, und alles Weitere mit der Kraft Gottes zu bewältigen, zu erfüllen und zu lösen.

In allem, was der Tag bringt, ist zugleich die Antwort, Hilfe und Lösung enthalten: Leben wir im Augenblick und bitten wir Gott um Hilfe, den Tag in Seinem Namen zu meistern, dann wird alles, was heute und jetzt auf uns zukommt – seien es z.B. persönliche Gespräche in der Familie, Gespräche am Arbeitsplatz oder unsere Arbeit selbst –, uns zügig von der Hand gehen, weil wir den besten Helfer, Berater und Freund in und durch uns wirken lassen: das ewige Gesetz, Gott.

Alles ist Energie. Durchdringen wir unsere Gespräche, unsere Arbeit, unser Denken und Leben mit der positiven Energie – also mit unseren positiven Empfindungen und Gedanken –, dann werden diese positiven Kräfte unsere besten Mitarbeiter sein. Sie verleihen dem Leben, was wir tun, und zeigen uns den kürzesten Weg auf, um z.B. eine Arbeit gut zu vollenden, oder sie zeigen, wie wir Gespräche gesetzmäßig führen sollen, oder wir finden in einem Text die Lösung und Antwort. Die positiven Kräfte

führen uns auch aus schwerwiegenden Situationen heraus und weisen uns einen gesetzmäßigen Weg.
Positive, also selbstlose Gedanken sind Gotteskräfte, die uns immer wieder das Positive, Gesetzmäßige zeigen.
Wer das, was er heute tut, mit positiven Kräften durchdringt, der bringt die positiven Kräfte in Bewegung – sowohl im Gespräch als auch im Werkstück, in einem Schreiben, am Arbeitsplatz, wo immer er auch hingestellt ist. Die positiven Energien, die wir durch ein positives Leben entwickelt haben und die in unserer Seele aktiv sind, strahlen durch unsere Seele und durch unseren Leib und bringen alles in eine positive Bewegung. Daraus ergibt sich auch die positive Kommunikation zum Werkstück, zum Gespräch, zur Arbeit, zu allem, was wir denken und tun.
Durch eine positive, also gesetzmäßige Kommunikation entstehen in uns die positiven Lösungen, die uns aus den Schwierigkeiten und Situationen herausführen. Denn in allen Dingen

ist der Geist Gottes. Wenn wir im Augenblick leben, sind wir mit Ihm verbunden durch unser positives Denken, Reden und Handeln – und wir erfahren in jeder Situation Gottes Hilfe.

Leben heißt, in Gott zu leben; und das heißt, im Augenblick zu leben und zu erfahren und zu erkennen, was uns Gott sagen möchte. Die Gesetze sind für jeden von uns – und nicht gegen uns. Gott möchte für uns das Beste, und Er strahlt uns auch Seine Liebe und Hilfe zu.

Unsere negativen Gedankenformen schaffen Krankheit, Leid oder Schicksalsschläge

Gott, unser himmlischer Vater, möchte auch, dass wir gesund sind. Wenn wir gesund leben wollen, dann müssen wir vor allem zuerst gesund denken. Denn viele meinen, gesund leben bedeute, gesund zu essen. Dabei vergessen sie aber oftmals das gesunde Empfinden und die gesunden – das heißt positiven – Gedanken.

Nehmen wir folgenden Merksatz in unser Bewusstsein auf:
Es gilt nicht nur, gesund zu essen, sondern gesunde, also gottgefällige Empfindungen und Gedanken zu haben und nur das auszusprechen und das zu tun, was gottgefällig ist.

Wir sollten nicht nur von Gesundheit sprechen, sondern auch positiv empfinden und denken. Es nützt nichts, unsere Gesundheit zu bejahen und über Gesundheit zu sprechen, und dahinter – in unseren Empfindungen und Gedanken – uns vor einer Krankheit zu ängstigen! Wir müssen uns ganz von den positiven Kräften durchdringen lassen; dann werden sie auch in uns aktiv und bewirken, was für uns gut ist!
Empfinden und denken wir positiv, sprechen wir von Gesundheit und leben wir im Augenblick, dann werden wir auch unsere Nahrung entsprechend wählen, weil uns die Tagesenergie über unsere Organe mitteilt, was diese heute an aufbauenden Substanzen benötigen. Sie teilen sich sodann über unsere Sinne und über

unsere Geschmacksnerven mit und zeigen uns, was wir ihnen an Nahrung und Nahrungsmenge zuführen sollen.

Wenn wir im Tag leben, der beim Augenblick beginnt, dann wird uns alles gezeigt, was gut für unsere Seele und auch für unseren Leib ist. Dann finden wir in allem, was auf uns zukommt – ob in der Unpässlichkeit oder in der Krankheit, im Gespräch oder in der Arbeit – den Keim des Guten. Bauen wir darauf auf, dann entwickelt sich auch das, was für uns gut ist. Denn wir werden mit den positiven Kräften das anpacken und durchführen, was zum Guten führt, da wir mit Gott, der positiven Energie, im Bunde stehen.

Das gilt für jede Lebenssituation – ob wir gesund oder krank sind, ob wir unseren Mitmenschen gegenüber feindlich eingestellt oder friedfertig sind, ob wir in Schwierigkeiten leben, ob wir Schicksalsschläge erleiden oder unbeschwert leben. In allem ist das Gute! Finden wir den Keim des Guten und bauen wir darauf auf, dann wird es uns auch gut ergehen, und das

Gegensätzliche wird sich allmählich in Positives wandeln – denn Gott hilft!
Wenn wir jedoch Angst vor Krankheit, Sorgen und Leid haben, so transformieren wir die positiven Energien zu negativen herunter. Wie ich schon beschrieben habe, schaffen wir damit unsere zerstörerischen Gedankenformen – diese gefährlichen Roboter, die wir selbst sind.
Machen wir uns also bewusst: Die Gefahr kommt nicht von außen – sie kommt von uns selbst und nimmt auf uns selbst Einfluss.
Nur das kann uns treffen, was wir selbst in uns haben. In der Welt können noch so viele Gefahren lauern – wenn wir nicht Gleiches oder Ähnliches in uns haben, werden wir diese Gefahren auch nicht anziehen. Sie können uns nichts anhaben – es sei denn, wir haben in unserer Seele die Anziehungskraft dafür geschaffen.
Wenn wir nicht rechtzeitig umkehren von unserem immer wiederkehrenden, gleichen menschlichen Denken, dann geraten wir in den Strudel unserer Gedanken und finden nur

schwerlich heraus. Denn dann wirken unsere geschaffenen Gedankenformen noch zusätzlich auf uns ein und treiben uns in die Enge, dass wir wieder gleiches und ähnliches Gegensätzliches denken und tun.

Erkennen wir: Was wir an Menschlichem aussenden, nimmt wieder auf uns Einfluss.
Auch in unserer Seele können unsere Gedankenformen vorzeitig Ursachen aktivieren – z.B. Krankheitsbilder, die wir durch Ängste und Sorgen in sie eingegeben haben. Diese von uns geschaffenen und aktivierten Krankheitsbilder strahlen dann in unseren Körper, und er wird davon befallen. Es kann sein, dass dieses Krankheitsbild niemals unseren Körper gezeichnet hätte, wenn wir nicht zusätzlich Gedankenformen geschaffen hätten, welche die Krankheit mit auslösten.
In unzähligen Augenblicken, Sekunden und Minuten, also an vielen Tagen, wurden wir gewarnt – gemahnt umzudenken. Wir haben die Warnungen übersehen, weil wir nicht im Augen-

blick gelebt haben. So brach über uns herein, was wir hätten verhindern, also abstellen können.
Wir können z.B. durch unser Fehlverhalten einer Unpässlichkeit oder einer Entzündung eine ganz andere Richtung verleihen und somit Schwerwiegendes heraufbeschwören.
Wir können sogar durch unsere jahrelangen ängstlichen Gedanken die Krankheit Krebs bekommen: Wir schufen mit diesen Gedanken eine Gedankenform, die z.B. dann auf uns einwirken kann, wenn wir bei einer Unpässlichkeit oder Entzündung diesen Angstkomplex "Krebs" nähren. Mit der schon jahrelang genährten Angst haben wir eine Energieform geschaffen, die wir nun mit unserer "Angst Krebs" weiter aufbauen. Durch die Unpässlichkeit des Körpers veranlasst, beginnen wir wieder Gleiches oder Ähnliches zu denken, wie etwa: "Hoffentlich ist es nichts Schlimmes! Hoffentlich ist es nicht der von mir so sehr gefürchtete Krebs!" Das Stichwort "Krebs" setzt nun unsere Gedankenform in Bewegung, in der alle unsere Ängste

vor schweren Krankheiten gespeichert sind, vor allem die Ängste vor Krebs.

Da unsere gegensätzlichen Gedanken auch in der Seele als Entsprechung gespeichert wurden, beginnt nun die Gedankenform "Krebs" auf uns und auf die Entsprechung der Seele einzuwirken. Wir können dann nur noch an Krebs denken. Warum? Weil der "Krebsroboter", die Gedankenform, auch auf unsere Gehirnzellen einwirkt, in denen ebenfalls unsere ängstlichen Gedanken bezüglich Krebs gespeichert sind. Gleichzeitig wirkt er auch auf die Entsprechung in unserer Seele ein.

Diese massiven Kommunikationen zwischen dem "Krebsroboter" und den Entsprechungen der Seele und unseren Gehirnzellen bewirken, dass die momentane Unpässlichkeit oder Entzündung "umgepolt" wird: Diese negativen Kommunikationen reduzieren immer mehr unsere seelische und physische Kraft – und wir schaffen gleichzeitig ganz allmählich das Milieu, in dem sich Krebszellen aufbauen können. Denn unsere Körperschwingung ist inzwischen

so weit gefallen, dass wir auf dem Milieu angelangt sind, in welchem aus einer Unpässlichkeit – z.B. aus einer Erkältung oder einer Entzündung – Krebs entstehen kann.
Wir können also mit unseren negativen Gedanken in und an unserem Körper Krankheit und Siechtum hervorrufen oder Leid und Schicksalsschläge heraufbeschwören. Andererseits bewirken wir durch positives Empfinden, Denken, Sprechen und Handeln in uns Gesundheit, innere Harmonie, Freude, Frieden, Glück und Zufriedenheit.

Wir sehen also: Gedanken sind Kräfte! Was wir denken und wie wir denken – beides kommt auf uns, den Absender, zurück.
Auch in diesem Zusammenhang verstehen wir das Gesetz von Saat und Ernte: "Was du säst, wirst du ernten". Anders ausgedrückt: Jede Ursache hat ihre Wirkung. Die Ursache ist die Saat – die Wirkung ist die Frucht.
Wir erkennen also, dass wir allein die Urheber unserer Krankheiten, Leiden und Schicksals-

schläge sind – nicht unsere Mitmenschen oder gar Gott.
Denken wir daran: Wenn wir nicht rechtzeitig umkehren, nimmt das Schicksal seinen Lauf! Mit unserem gegensätzlichen, ziellosen Denken können wir Entsprechungen, also Belastungen unserer Seele, entweder verstärken oder neu aufbauen.

Vergegenwärtigen wir uns dies an einem Beispiel:
Eine Autofahrt kann beispielsweise mit einer Autopanne enden oder mit einem Unfall oder gar mit einem Unfalltod. Bei einigen Auffahrunfällen hätte es eventuell nur Blechschaden gegeben, wenn einer der Fahrer nicht wochen- oder monatelang sich mit Gedanken an einen Verkehrsunfall mit Todesfolge beschäftigt hätte:
Der Betroffene lebte lange Zeit nicht im Augenblick. Die Tagesenergien brachten ihm des öfteren Warnungen umzudenken, wie z.B.: "Verhalte dich im Straßenverkehr anders! Fahre

nicht so nahe auf, und setze dich nicht an das Steuer, wenn du übermüdet bist!“ Einige dieser Warnungen hatte er wohl begriffen, sich aber daraufhin das Bild eines Autounfalles ausgemalt, in welchem er sich selbst als Unfalltoten sah. Dieses Bild ging in seine Seele ein.

Damit schuf er eine Gedankenform oder nährte eine schon bestehende Gedankenform, die er vor längerer Zeit mit ähnlichen Gedanken aufgebaut hatte.

Bei einer Autofahrt entstand sodann eine Krisensituation: Einige Autos kamen ins Schleudern – es kam zu den Auffahrunfällen. Der Schreck ließ beim Fahrer jenes Bild des Autounfalls entstehen. Dieses Bild gab der entsprechenden Gedankenform den Impuls. Sie wurde tätig und griff entsprechend ein: Infolgedessen reagierte der Fahrer falsch – und das, woran er seit Wochen oder Monaten dachte, trat ein! In der Seele des Fahrers lagen wohl gleiche oder ähnliche Aspekte. Diese hätten jedoch – wenn er nicht zuvor eine Gedankenform geschaffen hätte – nicht zu einem Unfalltod geführt. Es wäre bei dem Schrecken über den Auffahrunfall geblieben. Der Fahrer hätte dabei erkennen können, mit welchen Menschen – oder auch mit welchem der Autofahrer – er noch hätte einiges bereinigen sollen.

Auch hier erkennen wir wieder: Gedanken sind Kräfte! Was wir säen, ernten wir.

Machen wir uns bewusst: Je stärker unsere Energiegestalten – die Gedankenformen – werden und sich unser eigenes Ich aufbaut, um so ohnmächtiger werden wir ihnen gegenüber. Wohin wir denken, dorthin fließt unsere Energie. Je stärker unsere Gedankenformen werden, desto schwächer wird unser Körper.

Ich wiederhole: Unsere Gedankenformen nehmen wie in Gang gesetzte Roboter von uns Besitz, greifen in den Ablauf unseres Lebens und in die Funktion unseres Körpers ein und bewirken das, was wir selbst durch unser Empfinden, Denken, Reden und Handeln aufgebaut haben.

Der Tag mahnt und belehrt uns; er gibt uns Hinweise und Lösungen:

Es können z.B. Begegnungen mit bestimmten Menschen oder Menschentypen sein, die in uns Gefühle, Empfindungen oder Gedanken erwecken. Oder es kommen Situationen und Ereignisse auf uns zu - sei es in der Familie oder am Arbeitsplatz. Alles will uns etwas sagen!

Gelingt uns eine Arbeit gut oder weniger gut und bedrängen uns dann Gedanken, dann möchte uns die Energie des Tages einiges mitteilen.
Wenn wir dann genau hinhören, was uns die Augenblicke des Tages mitteilen möchten, und zugleich in die Gedanken hineinzuschauen lernen, also das wahrnehmen, was hinter den Gedanken abläuft, in den sogenannten Unterkommunikationen - dann erfahren wir, was uns der Augenblick, die Energie des Tages, sagen möchte.
Die Erkenntnis birgt zugleich die Kraft in sich, das zu lösen oder zu tun, was ansteht.
Handeln wir entsprechend, so wandelt sich das Gegensätzliche in Positives um, und das Positive verstärkt sich in uns.

Fremdeinflüsse

Schenken wir jedoch den Bausteinen des Tages keine Beachtung, dann kann Folgendes geschehen:

Unsere Gedankenformen werden sodann immer mächtiger. Sie strahlen aus und verbinden sich entweder mit gleichen oder ähnlich schwingenden Energien, oder sie ziehen Seelen an, die gleiche oder ähnliche Entsprechungen haben wie die Energien unserer Gedankenformen – letzten Endes also wie unsere eigenen seelischen Entsprechungen.

Diese Energien oder auch Seelen strahlen dann über unsere Gedankenformen in unsere Kommunikationen ein. So kann aus scheinbar unerklärlichen Gründen plötzlich eine alte Leidenschaft wieder erwachen. Wir beginnen dann z.B. wieder zu rauchen oder zu trinken oder zu völlern.

Beachten wir die ersten Anzeichen nicht, dann geben wir einer unserer Gedankenformen die Möglichkeit, uns weiter zu beeinflussen. Sie kommt – für uns unsichtbar – auf uns zu, und mit ihr eine oder einige Seelen.

Über einen unserer Wunschgedanken schleichen sich die Impulse von Seelen in unsere Kommunikationen ein – vielleicht in eine Unterkommunikation, in der die ehemaligen Süchte noch ablaufen, weil wir eventuell noch nicht alles bereinigt haben. Es ist z.B. möglich, dass noch ein klärendes Gespräch mit einem Menschen ansteht, den wir im Zwang unserer Sucht beleidigt haben.

Über diese Unterkommunikationen kommen die Impulse von Seelen. Es sind sogenannte "Energieeinspritzungen" in das, was von uns noch nicht bereinigt ist. Durch diese Energieeinspritzungen verstärkt sich die Unterkommunikation und kommt dann als Gedanke zum Vorschein: Z.B. denken wir – und spüren zugleich über unsere Sinne – Durst, Hunger oder den Wunsch nach einer Zigarette.

Lassen wir uns nun gehen und geben nach – nicht nur, um eventuell nur ein Glas Wein oder ein Glas Bier zu trinken, etwas Würziges zu

essen oder eine Zigarette zu rauchen, sondern lassen wir uns fallen –, dann beginnt die Treibjagd: Die Seelen treiben uns, die ehemaligen Laster wieder aufzunehmen. Denn über unsere Leidenschaften und Süchte stillen sie ihr eigenes Verlangen, dem sie als Menschen gefrönt haben. Sie erfüllen sich durch uns, was sie sich als Menschen erfüllt haben und sich als Seelen bisher nicht mehr erfüllen konnten.
Finden sie eine sogenannte "Zapfsäule", dann setzen sie alles in Bewegung, um den Menschen wieder dazu zu bringen, wonach es sie gelüstet. Wenn dann der Betreffende nicht wachsam ist, sondern seine Gedanken ziellos umherschweifen lässt, wenn er also den Tag nicht nützt – und bei ihm noch Gleiches oder Ähnliches zugrunde liegt wie in der Seele oder in den Seelen, die ihn benutzen wollen –, dann kann er über seine Gedankenformen Opfer von Seelen werden.

Wenn wir nicht im Augenblick leben, dann sind wir außerhalb von uns. Wir kennen die Redens-

art: "Wir sind außer uns." Wenn wir also nicht im Haus sind, dann kann sich ein anderer einnisten. Denken wir über die Aussage in Matth. 12, 43-45 nach:
"Wenn der unsaubere Geist von dem Menschen ausgefahren ist, so durchwandelt er dürre Stätten, sucht Ruhe, und findet sie nicht. Da spricht er denn: Ich will wieder umkehren in mein Haus, daraus ich gegangen bin. Und wenn er kommt, so findet er es leer, gekehrt und geschmückt.
So geht er hin und nimmt zu sich sieben andere Geister, die ärger sind denn er selbst; und wenn sie hineinkommen, wohnen sie allda; und es wird mit demselben Menschen hernach ärger, denn es zuvor war. Also wird es auch diesem argen Geschlecht gehen."

Denken wir daran: Es gib keine Zufälle. Nichts, was ist, ist zufällig! Wir werden entweder vom Kausalgesetz, dem Kausalcomputer, oder von Seelen gesteuert – oder vom ewigen Gesetz, Gott, geführt.

Es kommt auf unser Leben und Denken an, von wem oder wodurch wir gesteuert oder geführt werden.
Die selbstlose Führung kommt von Gott: Gott, unser Vater, liebt uns, Seine Kinder. Wir lieben Ihn, den großen All-Einen, indem wir Sein ewiges Gesetz erfüllen; dann werden wir auch von Ihm, von Gott, unserem Vater, geführt.
Was kann uns schaden, wenn Gott für uns ist? Nur wir selbst können uns schaden!

Gott, unser ewiger Vater, steht uns in allem und in allen Situationen bei.
Wenn wir uns täglich üben, im Augenblick zu leben, dann werden wir immer präziser die göttliche Führung erkennen – denn der Geist unseres ewigen Vaters, der in allem alles ist, wird uns dann in allem, was auf uns zukommt, beistehen.
Er, der große All-Eine, der allgegenwärtige Geist, Gott, ist uns Berater, Helfer, Beschützer und Führer. Er ist die Antwort auf alle Fragen und die Lösung in allen Schwierigkeiten und

Problemen. Er hilft uns, in jeder Situation, in allem, was auf uns zukommt, das Gesetzmäßige zu finden.
Machen wir diese Schritte hin zur Vollendung, hin zu Gott, der unser wahres Leben ist – dann sind und bleiben wir glücklich, froh und friedvoll.

Gedankenbilder der Vergangenheit

Wenn wir am Morgen erwachen, dann sind wir in diesen Tag gestellt: Er mag im Äußeren für viele gleich aussehen, da er allen Sonne, Wolken, Regen, Schnee, Wind oder Sturm bringt – jedoch ist die Strahlung des Tages für jeden Einzelnen anders, so, wie auch kein Mensch im Inneren einem anderen Menschen gleicht. Deshalb gehört der Tag jedem ganz persönlich, denn er kommt auch auf ihn persönlich zu: vor allem entsprechend dem, was in seiner Seele liegt, was er in der Vergangenheit oder Gegenwart empfunden, gedacht, gesprochen und wie er gehandelt hat!

Nützen wir den Augenblick, dann werden wir viel weniger Leid, Fried- und Freudlosigkeit erfahren.
Holen uns trotz unseres Bemühens und unserer Hinwendung zu Christus in uns die Gedanken an die Vergangenheit immer wieder ein, dann sollten wir diese näher betrachten. Wir werden dann feststellen, dass unsere Gedanken an die Vergangenheit Bilder sind. Diese zeigen uns ehemalige Situationen, Eindrücke und Ereignisse.

Lassen wir es nicht zu, dass wir von unseren Gedanken in die Vergangenheit oder in die Zukunft getrieben werden, um uns dort mit unnützen Dingen zu beschäftigen! Stehen jedoch solche Bilder plastisch vor uns, als wären sie gegenwärtig, dann ist es möglich, dass wir in der Vergangenheit diese Situation, Begebenheit oder das Ereignis nicht wirklich gelebt haben.
"Nicht gelebt haben“ heißt: Wir waren in den Geschehnissen wohl als Mensch anwesend, jedoch nicht bewusst dabei, weil unsere Empfin-

dungen und Gedanken – also ein Teil unseres Bewusstseins, das letzten Endes unser Leben ist – außerhalb der Situation waren. Wir waren mit unseren Gedanken zu ichbezogen und uns war nicht bewusst, dass jeder Augenblick uns etwas zu sagen hat.

Dazu einige Beispiele:
Wir denken immer wieder an unseren früheren Wohnort, an unser ehemaliges Haus, an die Einrichtung des Hauses und an verschiedene Gegenstände. In unserem Gedankenbild sehen wir verschiedene Erlebnisse in diesem Haus – mit der Familie oder mit Bekannten; wir sehen kleinere oder größere Feste im Haus und im Garten. Warum kommt dieses Bild uns immer wieder?

Ein anderes Gedankenbild zeigt uns die schönen Räume unseres ehemaligen Hauses, deren Gegenstände – wie Möbelstücke, Teppiche oder Bilder – einen besonderen Wert hatten. Warum?

Ein weiteres Gedankenbild zeigt uns Situationen mit unseren Kindern: Begebenheiten, die wir wohl miterlebt, jedoch nicht durchlebt haben, weil wir mit unseren Gedanken nicht voll anwesend waren und die Situationen auch nicht durchdrungen, also auch nicht beseelt haben. Warum haben wir sie nicht bewusst mit unserer Gegenwart durchdrungen?
Oder wir sind in einem anderen Gedankenbild selbst noch Kind oder der heranwachsende Jugendliche: Was hat uns damals missfallen, oder was haben wir in damaligen Augenblicken bewusst unbeachtet gelassen? Das Gedankenbild der Vergangenheit möchte uns das zeigen!
Wieder ein anderes Gedankenbild zeigt uns unseren ehemaligen Garten. Bestimmte Blumen, Rabatten, Bäume oder Sträucher erstehen wieder vor unseren Augen. Wollen sie uns etwas übermitteln?
In einem anderen Gedankenbild machen wir mit der Familie einen Spaziergang, oder wir sind mit unserem Partner oder unserer Partnerin in Urlaub. Wenn uns ein solches Gedankenbild

bedrängt: Was möchte es uns sagen? Haben wir jenen Spaziergang oder Urlaub bewusst erlebt? War unser Bewusstsein, das unser Leben ist, ganz in der Situation, beim Spaziergang, im Urlaub – oder waren wir gedanklich außerhalb von uns?

Es können verschiedene Gedankenbilder sein, die aus ganz verschiedenen Lebensabschnitten in die Gegenwart einspiegeln.
Solche und ähnliche Gedankenbilder werden von einer oder einigen unserer Gedankenformen ausgelöst. Es können Gedanken sein, die wir damals in den Situationen der Vergangenheit gedacht haben. Sie haben sich aus dem Geschehen herausgelöst, und wir haben sie außerhalb von uns als Gedankenform aufgebaut. Über den Kausalcomputer werden wir nun durch diese Gedankenformen daran erinnert, diese Abschnitte unseres Lebens genauer zu betrachten, um das aufzuarbeiten und abzuschließen, was in unsere Seele als Bindung oder Belastung eingegangen ist.

Wir waren wohl in all den damaligen Situationen und Begebenheiten als Mensch anwesend; wir haben die schönen Räume wohl gesehen, sie gepflegt oder geschmückt, uns darin körperlich bewegt und uns daran erfreut – doch wir haben das, was wir besaßen, nicht voll mit Leben erfüllt. Wir haben zu kleineren und größeren Festen eingeladen, haben alles selbst gestaltet, arrangiert und zubereitet – und doch haben wir das Ganze nicht mit Leben erfüllt, weil wir gedanklich nicht anwesend waren. Wir selbst waren nur körperlich dabei, jedoch nicht mit dem Bewusstsein, das Leben ist. Wir gingen wohl mit unserer Familie spazieren, bewegten uns im Garten, wir erfreuten uns auch an bestimmten Sträuchern, Bäumen, Rabatten und einzelnen Blumen, wir betrachteten sie – und doch waren wir mit unserer Empfindungs- und Gedankenwelt nicht wirklich anwesend. Wir sprachen sogar über die Schönheit des Gartens – und doch waren unsere Empfindungen und Gedanken nicht voll dabei. Der Körper war anwesend – doch unsere Empfindungs- und

Gedankenwelt war nicht in uns: Wir waren nicht in unserem Haus, dem Körper.
Wenn wir uns nun in diese Gedankenbilder hineinempfinden, dann ist es möglich, dass uns eine Leere oder ein Gefühl von Unwirklichem oder Wehmütiges überkommt. Was will uns das sagen?
Es will uns eventuell sagen, dass wir wohl darum wissen, dass wir jene Situationen zwar erlebt haben, doch die Augenblicke in den Situationen nicht bewusst durchlebt haben. Wir haben jene Situationen unserer Vergangenheit wohl miterlebt und mitangesehen – jedoch nicht mit einem wachen Bewusstsein durchdrungen. Wir lebten nicht im Augenblick und nutzten nicht, was der Tag zeigte. Alles das ist wohl schon vergangen – und doch ist es gegenwärtig.

Ich wiederhole:
Unsere Empfindungen und Gedanken sind Substanzen unseres Lebens, sind unser Bewusstsein. Sind wir nicht bewusst in einer Situation – das heißt, ist unser Bewusstsein außerhalb

von uns –, dann gleicht unser Körper einer Marionette. Wir führen das aus, was wir uns vor längerer Zeit als Programm vorgegeben haben. Dies steuert uns dann, oder wir werden von außerhalb, von anderen Kräften, gesteuert – und somit gelebt.
Die Vergangenheit bringt also die Bilder in die Gegenwart und zeigt uns zugleich über unsere Empfindungen – z.B. Wehmut, Freude oder Leid –, was die Bilder ausdrücken wollen.
Daraus können wir schließen, dass wir bestimmte vergangene Lebensabschnitte nicht durchlebt haben. Wir haben wohl schöne Feste arrangiert, haben das Haus bestellt und die schönen Gegenstände ins rechte Licht gerückt. Wir haben für unsere Familie gesorgt, mit der Familie gute Gespräche geführt und sowohl in Freud und Leid mitgetragen – und doch war ein Teil unseres Bewusstseins abwesend, nicht bei uns.
Was ist zu tun? Diese Lebensabschnitte, die wir mit unseren Empfindungen und Gedanken nicht durchdrungen, also nicht richtig durch-

lebt haben, stehen vor uns und wollen bereinigt werden.
Da in allem eine Lösung ist, so gibt es auch hier eine Lösung, um heute diese Lebensabschnitte abzuschließen.
Wir wollen nun eines dieser Gedankenbilder, jenes, das für uns heute von Bedeutung ist – näher betrachten:
Wir lassen das Bild in uns aufleben – empfinden und denken uns hinein! Wir betrachten nun alle Details, die uns das Gedankenbild zuspiegelt.
Mit unseren Gefühlen und Empfindungen leben wir uns nun in das Bild hinein und durchleben die "Streiflichter" unserer Vergangenheit. Wir bewegen uns in jener Situation und durchleben nun das Bild.
Nach ungefähr zehn Minuten – denn viel länger sollten wir die Vergangenheit nicht aufleben lassen – stellen wir uns kritisch die Frage, ob das, was wir nun erkannt haben, für uns heute noch von Bedeutung ist. Oder was wäre, wenn wir jene, uns noch gegenwärtigen Situationen damals durchlebt und geprägt hätten? Oder:

Wie würde die Gegenwart aussehen, wenn wir uns damals aufgeschlossen, zugänglich, verständnisvoll und hilfsbereit gezeigt hätten? Oder: Was wäre daraus geworden, wenn wir damals die Situation durchlebt hätten – das heißt, wenn wir den Augenblick bewusst gelebt hätten? Alles das lassen wir nun an uns herankommen.
Haben wir das Bild mit unserer Gefühls-, Empfindungs- und Gedankenwelt durchdrungen und eventuell sogar körperlich das erspürt, was wir damals nicht erleben konnten – z.B. Freude, Trauer, Schmerz, Leid oder Liebe – und ehrlichen Herzens das Für und Wider abgewogen, dann können wir erkennen, ob wir Menschen vergeben oder um Vergebung bitten oder etwas wiedergutmachen sollten. Das sollten wir dann tun und es nicht hinauszögern. Oder wir können einige Bilder oder Situationen sogleich ablegen, so dass diese nun in unsere Erinnerungswelt eingehen.
Auf diese Weise geht ein Lebensabschnitt nach dem anderen in die Erinnerungsbereiche ein.

Das heißt: Wir erinnern uns wohl noch an die verschiedenen Abschnitte unserer Vergangenheit, doch wir hängen nicht mehr daran, und es beschäftigt uns nicht mehr.

Das gleiche Vorgehen hilft uns, wenn noch Feindschaften aus der Vergangenheit bestehen:
Leben wir uns auch in ein solches Bild hinein, und lassen wir es lebendig werden!
Wenn wir den guten Willen haben, die Vergangenheit abzuschließen, dann werden wir auch in diesem Gedankenbild uns und den scheinbar Schuldigen sehen und all das, was zu Streit und Feindschaft geführt hat, beheben können. Doch sehen wir dabei genau hin! War allein nur der andere der Schuldige – oder waren nicht auch wir selbst daran beteiligt? Bitte kein "aber"! Schauen wir genauer hin! Kein Streit ist einseitig. Es streiten immer beide. Zur Selbsterkenntnis kann uns die Frage helfen: Was lag in uns – in mir – vor in dem Augenblick, in dem der Streit ausbrach?

Wer tiefer blickt, beachtet die ewigen Gesetze! Sind wir durch die Betrachtung des Bildes wacher und bewusster geworden? Wenn ja, dann werden wir den ersten Schritt tun und unseren Nächsten oder unsere Nächsten um Vergebung bitten.

Wenn wir auf diese Weise unsere versäumten Augenblicke und unsere Vergangenheit wie im Zeitraffer gesehen haben und sie wieder neu aufleben ließen, indem wir uns in sie hineinversetzten, dann ist es uns möglich, die Vergangenheit abzuschließen und uns dem gegenwärtigen und höheren Leben zuzuwenden.
Die abgeschlossenen Bilder der Vergangenheit gehen in die Bewusstseinsschichten zwischen dem Ober- und Unterbewusstsein zurück, in denen die Erinnerungen gespeichert sind.
Wenn wir solche Bilder aus der Vergangenheit in uns aufleben lassen, sollten wir dies stets mit der inneren Absicht tun, die noch schwingenden Programme umzuwandeln mit dem Licht Christi. Wir sollten also nicht aus Neugier

die Vergangenheit wieder erstehen lassen oder gar darin gedanklich "wühlen", sondern dieses nur - wenn uns die Tagesenergie ein solches Bild zur Bereinigung schenkt - in uns "aufleben" lassen.

Unsere Zukunftsbilder

Zukunftsbilder können für uns noch gefährlicher werden als unsere nicht durchlebte Vergangenheit.
Wenn wir nicht bereit sind, im Augenblick zu leben, dann neigen wir dazu, uns in Zukunftsbilder zu flüchten. Wir malen uns z.B. leidenschaftliche Szenen oder heldenhafte Rollen aus; wir planen genau, wie alles ablaufen muss, um das zu erreichen, was wir in unserer Vorstellungswelt aufbauen - wir bauen "Luftschlösser". Dies alles wird zu Gedankenformen.

Wenn etwas heute aus den Belastungen unserer Seele aufsteigt, damit wir es heute bereinigen,

so kann dies ebenfalls zu einem Zukunftsbild werden – nämlich dann, wenn wir es vor uns herschieben und, anstatt zu bereinigen, es weiter mit negativen Gedanken und Handlungen verstärken und es in die Zukunft projizieren.
Wir denken z.B.: "Wenn es uns heute nicht gelingt, wird es uns in der Zukunft gelingen." Wir leben also nicht im Augenblick, sondern in der Zukunft – und bauen damit an einer Gedankenform!
Doch was nützen unsere Zukunftsbilder? Wissen wir denn, ob es so kommt, wie wir es uns wünschen oder vorstellen?
Jedoch – wir können und sollen andererseits unsere Zukunft auch gewissenhaft planen! Dann sollten wir unsere Planung in den Willen Gottes legen und in Gott belassen. Wenn wir dann im Augenblick leben, dann kann uns Gott führen – und wir werden erkennen, ob das, was wir geplant haben, auch für uns gut ist.
Wir sollten aber nichts hartnäckig durchsetzen wollen, was andere Wege nehmen möchte! Wer weiß, ob es so, wie es gehen möchte, nicht

doch besser für uns ist? Einzig der weiß darum, der alle Dinge weiß – der innere Helfer und Ratgeber, Gott.
Wenn wir Zukunftsbilder als Gedankenformen schaffen, nehmen diese ebenfalls dann auf uns Einfluss, wenn wir sie mit gleichen oder ähnlichen Gedanken abrufen, mit denen wir sie aufgebaut haben. Sie wirken auf uns ein und versuchen, uns in jene Richtung zu drängen, die wir ihnen eingegeben haben.
Sind wir nicht wachsam – leben wir also nicht im Augenblick –, dann führen sie uns an den wirklichen Aufgaben unseres Erdenlebens vorbei, und wir können nicht mehr erfahren, was uns in dieses Erdendasein zur Bereinigung oder zur Erfüllung mitgegeben wurde. Dann leben wir nicht, sondern wir werden gelebt. Wir sind Marionetten unserer Gedankenformen und eventuell derer, die sich darin eingenistet haben.

Zusammenfassung

Ich möchte noch einmal das Wesentliche zusammenfassen:
Jeder Tag bringt jedem Menschen das, was für ihn heute zur Bereinigung oder zur Erfüllung ansteht.
Die Tage zeigen sich in einzelnen Situationen, in Geschehnissen, in Gesprächen, über Empfindungen und Gedanken, in Worten und Handlungen. Der Tag zeigt sich auch durch unsere Mitmenschen, Kollegen, Verwandten, Bekannten, durch unsere Familienmitglieder. Der wache Mensch, der den Augenblick lebt, kann daraus vieles ablesen und für sein weiteres Leben die Weichen richtig stellen.

Wer nicht in den Bausteinen des Tages lebt, der schafft immer mehr Gedankenformen – also Roboter –, an die er gebunden ist, weil sie ein Teil von ihm selbst sind.
Da die Gedankenformen zu dem Menschen gehören, der sie geschaffen hat, so sind sie – wie

der Mensch und die Seele des Menschen – an den Kausalcomputer angeschlossen.
Die Roboter mit ihren vielseitigen Speicherungen kommen dann auf uns zu und nehmen auf uns Einfluss, wenn wir sie mit den gleichen – oder ähnlichen – Gedanken rufen, mit denen wir sie aufgebaut haben.
Wer nicht im Augenblick, im Tag lebt – der wird gelebt und kann deshalb die Situationen des Tages und alles, was der Tag bringt, nicht im rechten Licht erkennen und die Lösung finden.
Auch dann, wenn wir uns im Tagesgeschehen bewegen und unsere Empfindungen und Gedanken nicht bei der Arbeit, in der Situation – also nicht im Augenblick – sind, dann durchdringen wir das, was der Tag bringt, nicht mit Leben, sondern ein Teil unseres Bewusstseins ist dort, wo wir mit unseren Empfindungen und Gedanken sind. Das bedeutet, dass wir nicht in der Gegenwart leben, sondern z.B. in der Vergangenheit oder in der Zukunft.
Was wir heute nicht angenommen und bereinigt haben, das nimmt der Tag wieder mit sich

und bringt es zu einer anderen Zeit wieder. Doch unter Umständen kommt das, was er uns heute zeigen wollte, morgen, übermorgen oder erst in Jahren viel massiver und belastender auf uns zu, weil wir es inzwischen mit gleichen oder ähnlichen Empfindungen und Gedanken weiter aufgebaut haben.

Was der Tag wieder mitnimmt, ist also nicht aufgehoben, sondern nur aufgeschoben.

Viele Impulse des Tages mahnen und warnen uns. Lassen wir die Ermahnungen und Warnungen immer wieder an uns vorüberziehen, dann kommt das, was der Tag angedeutet hat – und worauf er uns aufmerksam gemacht hat, damit wir es bereinigen –, einst mit Macht auf uns zu und greift in unser Leben ein: entweder durch einen Schicksalsschlag oder durch Krankheit und Leid.

Kommt dann einmal der Tag, der das Hinscheiden unseres Leibes bringt – das unvermeidbar ist, weil der Tod keine Entscheidung von uns verlangt, weil er unmittelbar in unseren physischen Leib eindringt –, dann nehmen wir als

Seele das mit in die Reinigungsebenen, was uns die Tage gebracht hatten und wir unbeachtet ließen. Dann ist es sogar möglich, dass wir wesentlich mehr Belastungen mit in die jenseitigen Welten nehmen, als wir beim Eintritt in dieses Erdendasein mitgebracht hatten. Denn das, was wir nicht erfasst haben, hat uns weiter erfasst. So haben wir zu den schon vorhandenen Fehlern und Sünden weitere hinzugefügt und noch darauf aufgebaut.
Unsere Seele nimmt auch dann unsere Gedankenformen als Belastungen mit sich, wenn im Kausalcomputer keine Einverleibung mehr angezeigt ist. Die Seele wird dann diese Schatten während ihres weiteren Reifeprozesses auflösen.

Haben wir jedoch durch unsere weiteren irdischen Belastungen das Rad der Wiedergeburt für unsere Seele erneut in Bewegung gebracht, dann werden beim Hinscheiden unseres irdischen Leibes einige Gedankenformen in der Atmosphäre der Erde bleiben. Schlüpft unsere

Seele wieder in einen neugeborenen Erdenleib, so werden unsere deponierten Gedankenformen dann auf uns zukommen, wenn wir als Mensch die Reife haben, Gut und Böse zu unterscheiden. Wenn nun der Kausalcomputer die Entsprechungen unserer Seele anregt und der Tag sie uns aufzeigen will, wir sie jedoch abermals nicht beachten – so, wie in unseren Vorinkarnationen –, dann rufen wir aus der Atmosphäre die von uns aus Vorleben deponierten Gedankenformen ab. Sie kommen auf uns zu und verstärken unser gegensätzliches Denken, Reden und Tun – das, was wir mit der Kraft Christi hätten überwinden sollen!

Was an Menschlichem, also an Gegensätzlichem, nicht gesühnt und bereinigt ist, kommt so lange auf uns zu – entweder in den Seelenreichen auf die Seele oder auf der Erde auf den Menschen –, bis wir es beheben durch Reue, Bitte um Vergebung und Wiedergutmachung und es dann nicht mehr tun.

Denken wir daran: Das Gesetz von Ursache und Wirkung bringt alles an den Tag! So verstehen

wir auch die Aussage besser: Gottes Mühlen mahlen langsam.
Das Unbereinigte, unsere Sünden, spüren wir im und am Körper als Schmerz, Krankheit, Leid oder Schicksalsschlag. Im Seelenreich spüren wir unmittelbar in und an unserem Seelenleib, was wir unserem Nächsten angetan haben – und sei es nur in Gedanken gewesen. Als Seele spüren wir den Schmerz, das Leid und alles, was unser Nächster durch unser Verhalten empfunden und gelitten hat. Das kann unter Umständen für unsere Seele die sogenannte Höllenpein sein!

Unsere Seele hat auch dafür abzutragen, wenn unsere Nächsten durch unser menschliches, ichbezogenes Verhalten in Situationen geraten sind, die für sie in dieser Einverleibung nicht vorgesehen waren, aus denen sie nicht mehr rechtzeitig herausfanden und wodurch ihr Leben eine völlig andere Wende genommen hat.
Oder: Zwingen wir unsere Nächsten, dieses oder jenes zu tun, oder bedrohen wir sie gar

und erwirken mit Methoden das, was wir für uns wollen, dann sind wir an diese unsere Nächsten gebunden und müssen alles in und an unserem Seelenleib erspüren, erleben und erleiden: ihren Unmut, ihre Resignation und nicht zuletzt auch das, was sie in ihrem Erdendasein dadurch nicht bewältigen konnten, weil wir in den Ablauf ihres Lebens eingegriffen haben! Alles, was unsere Nächsten in der Zeit ihres Erdenlebens hätten erleben und bereinigen können, müssen wir mit abtragen und mit durchleiden.

Und derjenige, der notgedrungen das tut, was der Nächste von ihm fordert, bindet sich ebenfalls an den, der diese Forderungen stellt. Beide – der Fordernde und derjenige, der sich unterjochen ließ – sind aneinander gebunden. Sie werden immer wieder zusammengeführt werden, sei es in dieser Inkarnation, in weiteren Einverleibungen oder in den Seelenreichen, bis das behoben ist, was sie aneinander gebunden hat.

Erkennen wir also: Ein Augenblick, der unbeachtet blieb, kann eine Lawine von Gefahren auslösen.
So ist die Aussage ”Lebe den Augenblick und nütze deine Erdenzeit, um als Seele in lichteren, feineren Bereichen zu leben“ von großer Bedeutung.

Jeder Mensch stirbt. Im Augenblick der Geburt unseres Erdenkörpers ist der irdische Tod schon vorgegeben. Wer die Zeit nützt von dem Augenblick an, in welchem er Gut und Böse unterscheiden kann, der wird nicht von Gegensatzkräften benutzt werden. Er wird auch kaum Gedankenformen schaffen. Denn er ist er selbst und wächst in das wahre Sein hinein – in das göttliche Selbst, in die Freiheit, welche die geistige Geburt der Seele ist.
Lebe also den Augenblick – und du erkennst dich selbst und findest in das Unpersönliche, in dein göttliches Selbst, hinein! Du erfährst dann, wer du bist und wer und was dein wahres Selbst ist.

Möge jeder, der diese Schrift liest, die Gnade Gottes erkennen!
Es ist niemals zu spät, wenn wir ab sofort umkehren und mit der Hilfe Christi den Augenblick nützen – und das heute Erkannte beheben oder erfüllen. Dann geben wir unserem Ich keine Nahrung mehr, und auch unsere Gedankenformen wandeln sich in positive Energien um; denn Christus in Gott, unserem Vater, wandelt alles um und macht alles neu, wenn wir uns von Ihm führen lassen.

Weitere Bücher

Mit Gott lebt sich's leichter

Wir Menschen könnten uns das Leben viel leichter machen - mit Gott! Gabriele erklärt, wie wir Gott in unser Leben einbeziehen können; sie bringt uns nahe, was richtiges Denken ist, wie man richtig beten lernt und Furcht und Krankheit überwinden kann, um Halt und Sicherheit in Gott zu finden.

180 S., kart., Best.-Nr. S 308. ISBN 978-3-89201-050-0

Euro 10,00

Glaubensheilung - die Ganzheitsheilung

Erfahren Sie die Kraft, die in einem wahrhaft positiv ausgerichteten Leben liegt - und Sie werden freier, friedvoller und gesünder durchs Leben gehen. Lernen Sie, wie Sie durch den aktiven Glauben die Selbstheilungskräfte in sich entfalten können.

Gabriele erklärt: Gott ist ewig Derselbe: Liebe, Kraft, Harmonie und Heilung • Gesundheit ist gottgewollt. Krankheit ist die Unterbrechung der Verbindung mit dem göttlichen Kraftfeld in der Seele und in jeder Zelle des Menschen • Das Wort „unheilbar" grenzt die Hoffnung aus. U.v.a.m.

144 S., kart., Best.-Nr. S 330. ISBN 978-3-89201-264-1

Euro 10,00

Als Hörbuch: 3 CDs

Best.-Nr. D 804. ISBN 978-3-89201-214-6. **Euro 12,90**

Du bist nicht verlassen

Gott ist dir nahe in Wort und Tat

Gott ist uns nahe - in Wort und Tat! Diese tiefe Wahrheit vermittelt dieser kleine Bildband in eindrucksvoller Weise. Er enthält Offenbarungen unseres himmlischen Vaters und unseres Erlösers, Christus - geistige Juwelen aus der ewigen Quelle der Wahrheit.

96 S., geb., Best.-Nr. S 115. ISBN 978-3-89201-145-3

Euro 9,80

Lerne Beten

Im wahren Gebet erlebst du Gott
Wahres Gebet macht flücklich

Gott wohnt in der Seele jedes Menschen - Er ist uns also immer nahe, Er hört und versteht uns. Jeder kann lernen, im Gebet mit Ihm zu sprechen. Dieses Buch, gegeben von Gabriele, gibt Anleitung zum freien Beten, das auch von unserem Gefühl getragen ist und uns schließlich zum Tatgebet führt.

»Wir müssen lernen, uns nach innen zu wenden, Gott in uns zu finden. Im Gebet, im eigenen Inneren gesprochen, erleben wir Gott. ... Machen wir uns bewusst: Ohne Mitgefühl, ohne Hineinspüren in das, wofür wir beten, erreichen wir Gott nicht.«

Ein wunderbares Geschenk - für Sie selbst und zum Weitergeben!

80 S., geb., mit vielen Farbbildern. Best.-Nr. S 174. ISBN 978-3-89201-359-4

Euro 13,50